거절 잘 하는 법

괜찮은 척하다가
후회하지 말고

센스있게 대처하는
자존감 UP 대화기술

거절 잘 하는 법

이하늘 지음

카시오페아
Cassiopeia

나는 거절하는 연습을 하고 인생이 달라졌다

지금 당신이 읽을 이 책의 키워드는 거절이다. 여기서 말하는 거절은 타인의 요청, 부탁이나 제안 등에 자신의 의사를 명확하게 표현하는 것을 말한다. 당신이 거절하기 위해서는 상대방의 상황이나 기분을 살피기보단 자신의 감정과 욕구를 먼저 알아차려야 한다. 이때 거절이 주는 의미는 다양하다. 첫째, 어떻게 하고 싶은지 분명하지 않은 자신을 거절하는 것을 의미하고 둘째, 현재 자신의 감정과 의견을 분명하게 전달함으로써 상대의 요청을 거절하는 것이다. 마지막으로 여러 관계에서부터 자신의 권리를 지키는 것을 의미한다. 이것이 거절의 핵심 요소이다.

이 책의 사례는 나의 경험담과 주변 사람들의 고충과 고민을 기반으로 재구성했다. 이 책을 읽고 난 후 "맞아, 나도 그래."라며 공감할 수 있고 "완전 호구 아냐?" 하고 혹평을 하는 사람들도 있을 것이다.

타인의 부탁과 요청 등에 자신의 뜻을 밝히며 쿨하게 거절할 수 있다면 얼마나 좋겠는가. 하지만 평생을 "좋아요.", "괜찮아요." 라며 살아온 나와 같은 사람에게 거절이란 세상에서 제일 어려운 일이다.

지금까지 살아오면서 나는 타인의 부탁을 거절하는 순간이 너무나 힘든 순간이었다. 정확하게 말하자면 그들에게 솔직한 나의 진심을 말하는 것이 어려웠다. 그동안 나보다 상대를 우선시하고 습관적으로 '예스'를 말하며 살아왔기 때문이다. 예민하고 소심한 나는 언제나 주위 사람들의 감정과 행동을 살피느라 나의 내면의 소리를 무시하고 덮어둔 채 살아왔다.

뿐만 아니라 오랫동안 타인 중심으로 지내면서 무의식중에 그들과 나를 끊임없이 비교했다. 그럴수록 내 눈에는 나의 단점들로만 가득했다. 겉으로는 아닌 척했지만 정작 내 삶은 스스로에 대한 비난과 질책, 부정적인 생각으로 열등감을 조장했고 그런 환경을 원망했다.

나는 자기중심적으로 나의 의견을 상대에게 전달하는 것이 몹시 어려웠고 불편했다. 언제나 감정에 솔직하지 못했고, 타인의 눈치를 보기 바빴다. 이렇게 표현하지 않은 감정들은 숨길수록 새어 나왔고 감추기를 반복하니 어느 순간 걷잡을 수 없이 한 번에 터져버렸다.

처음 겪는 일에 매우 당황스러웠지만 갑자기 찾아온 이 위기 덕분에 나는 과거와 다른 인생을 살아가는 계기가 되었다. 기로에 서서 새로운 선택을 할 수밖에 없었다. 예고도 없이 찾아온 위기를 이해할 수 없었지만 그 계기로 나는 더 이상 다른 사람들의 눈치를 보지 않고 나다운 인생을 살기로 결심했다.

　나는 거절하는 연습을 통해 인생의 가치를 소중히 여기는 것을 배웠다. 거절은 주체적인 삶으로 온전하게 나의 중심이 바로 섰을 때 비교적 쉬워진다. 이전에는 타인의 평가가 두려워서 가면을 쓴 채 연기를 했지만 단단한 자의식이 정립되자 당당하게 상대의 다양한 부탁을 거절할 수 있었다. 더 이상 타인의 시선이 두렵지가 않았고, 내게 집중하며 전하고 싶었던 의사표현을 끝까지 전달할 수 있었다.

　인생에서 어떤 선택을 하고 집중하느냐에 따라 삶을 바꿀 수 있는 기회를 가지게 된다. 즉 자신의 선택에 따라 인생은 달라질 수 있다는 말이다. 물론 선택하지 않는 것도 선택이다. 나의 의지와 상관없이 타인에게 끌려가는 삶을 살았다면 그 또한 자신이 선택한 삶이라는 것이다.

하지만 이제는 거절하지 못한 삶에서 벗어나 '거절'이라는 족쇄를 풀고 당당한 자신만의 삶을 살아갈 차례이다.

당신이 누군가의 요청을 거절한다고 해서 이기적인 것은 아니다. 또한 자신의 의견을 주장한다고 해서 문제가 되는 것도 아니다. 하지만 주도적으로 당당하게 변해버린 당신을 보고 주위 사람들로부터 힐난을 받을 수도 있다. 그럴수록 흔들리지 말고 달라진 자신의 모습을 보면서 "잘했어.", "할 수 있어."라고 자신 있게 말해보자.

자신의 선택에 집중을 한다면 거절은 생각보다 별거 아니다. 거절에 대한 관점을 바꿔 생각하면 어렵게 느껴지지 않을 것이다. 거절은 상대방에게도 예의를 갖추고 정중하게 자신의 생각을 표현하는 것을 말한다. 항상 자신의 진심을 생각하며 내면에 귀 기울인다면 상대방에게 명료하게 당신의 감정을 전달할 수 있게 된다.

이처럼 거절을 통해 자신의 의사표현을 정확히하고 관철시켜 나아가면 된다. 그것이야 말로 자신의 시간을 지키고 삶의 주인이 되기 위한 첫 걸음이다. 내면의 목소리를 무시하지 말고 당당하게 '예스(YES)', '노(NO)'를 명확하게 말할 수 있을 때 당신의 삶에 변화가 시작될 것이다. 의견을 분명하게 전달하는 것은 거절의 기본이고 나아가 상대방에게 당신의 존재를 발휘하는 시작점이 된다. 그렇기에 우리의 인생에서 거절은 꼭 필요한 요소이자 삶의 기본이 된다.

당신의 당당한 '거절'을 응원한다. 그리고 이 책이 당신의 당당한 거절에 작은 도움이 되길 바란다.

이 하 늘

차례

3장 착하고 실속 없는 사람들을 위한 '바른 거절'의 기술

4장 거절은 상대에 대한 거부가 아니라 내 감정의 표현이다

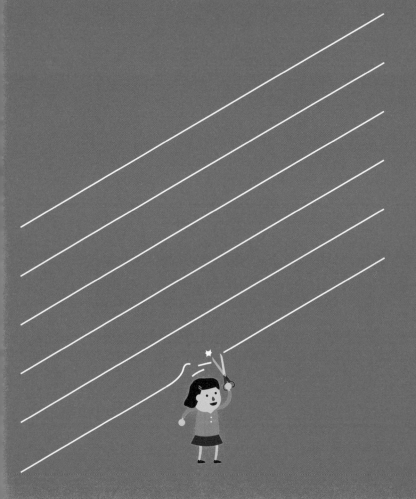

착하다는 말에 속은 내 인생

착하다는 말에 속은 나의 인생은 '나'라는 주체가 없었고
오직 다른 누군가를 위한 삶이었다.

"진짜 착해!"

"착한 정도가 아니야."

"착해도 너무 착하지!"

나는 지금까지 양보와 배려로 남에게 피해를 주지 않고 솔선수범
하며 살아왔다. 어떤 행동을 하기 전에 나보다는 다른 이들을 먼저
생각했고 우선순위로 두었다. 그래서인지 나의 심성과는 상관없이
살면서 '착하다'는 말을 수없이 들었다. 만난 사람들의 열이면 아홉

은 내게 착하다고 말했다.

어딜 가나 청소, 뒷정리 등 궂은일 담당은 나였다. 누가 시키지도 않았는데 스스로 자처한 일이다. 이러한 행동은 이미 익숙하고 몸에 밴 습관과도 같았다.

거창하게 마더 테레사와 같이 인류애적인 마음으로 하는 것이 아니었다. 어차피 누군가가 할 거면 내가 하면 된다고 단순하게 생각한 것뿐이다. 내게는 누가 하는 건 중요하지 않았다. 오히려 서로 눈치를 보며 미루는 상황이 더 불편했다.

나는 친구들과 여행을 갈 때면 다른 사람들 보다 짐이 두 배는 더 많았다. 행여 같이 간 일행이 세면도구나 필수 용품을 잊어버리고 챙겨오지 않았을 것을 대비해 여분까지 챙기기 때문이다.

평상시에도 내 가방은 만물상자였다. 지인들은 내게 "너랑 다니면 참 편해!", "없는 게 없어.", "그 가방에서는 말만 하면 다 나온단 말이지!" 하곤 했다. 그 기대감 때문에 어느새 호의였던 내 준비는 의무감이 되어 가방의 무게로 고스란히 돌아왔다. 언제 어느 때 누가 필요할지 모르니 점점 이것저것 챙겨 다니는 게 많아진 것이다. 가볍게 핸드백 하나만 들고 오는 친구와 달리 나는 늘 커다란 배낭 하나를 짊어지고 다녔다.

이는 사회생활에서도 마찬가지였다. 모두가 기피하는 단체 회식 자리도 도맡아 장소 물색하고 한 사람, 한 사람에게 연락해 참석 여부를 확인했다. 그리고 회식자리에서도 모든 사람들을 일일이 챙기고 뒷마무리까지 담당했다. 회의 시간에는 서류 준비와 팀원들이 마실 차까지, 기본적인 것을 말하기 전에 알아서 척척 준비해 뒀다. 내가 하지 않아도 되는 일인데도 말이다. 퇴근 시간이 가까워질 때 심부름을 시키거나, 그제야 업무를 떠넘겨주는 선임에게도 싫은 내색을 한 적이 없이 모두 "예스"였다. 물론 속으로 밉기도 했지만 '바빠서 그랬겠지.'라고 스스로 다독이며 넘겼다.

이렇게 착한 사람들은 남의 눈치를 살피느라 정작 자신이 무엇을 원하는지 모른다. 자신의 이야기를 할 차례가 돌아오면 말을 하지 못하거나 침묵해버리는 경우도 있다. 이런 사람들은 자신의 인생에서 선택권을 자신에게 주는 것이 익숙하지 않다. 그렇기 때문에 자신과 관련된 진로나 취업, 결혼 등 중요한 일 앞에서 선택을 하지 못하고 방관자의 자세를 취해버리곤 한다.

이런 무조건적인 착함과 과도한 배려는 누구를 위한 것일까? 타인에게 인정받고 좋은 사람이 되려고 다른 사람의 시각에서 자신을 바라보고 판단하는 어리석은 짓은 이제 그만해야 한다. 자신에게 집중하고 자신을 위해 판단해야 할 때이다.

자신에게 집중하려면 우리는 조금은 무뚝뚝해질 필요가 있다. 무뚝뚝해진다는 것은 타인에게 불친절하게 까칠하게 대하는 것이 아니다. 단순히 그들에게 호감을 얻으려고 애쓰지 않고 그들의 시선이나 평가에 덤덤해지면 된다.

나는 타인의 시선이 두려워서 밥을 혼자 먹질 못했다. 아무리 배가 고파도 혼자서는 절대 음식점에 가지 않았고 길거리를 다니면서 먹는 일은 상상할 수도 없었다. 혼자 먹는 것이 초라하고 불쌍해 보일 것 같았기 때문이다.

이러한 편파적인 사고는 타인의 시선이 두렵다는 것을 감추기 위함이었다. 이제는 상대의 평가나 시선을 벗어나 '나를 위한 이기적인 사람'이 되길 선택했다. 남에게 피해를 주지 않는 선에서 '뭐 어때?', '괜찮아, 나만 편하면 되지'라는 생각을 매일같이 되뇌었다. 가끔씩 내가 이기적이거나 남의 시선이 의식되면 '괜찮아, 무슨 상관이야'라고 덤덤해지려고 애를 썼다. 이것만으로도 남을 의식하는 태도를 멈출 수가 있었고 내 자신을 지키는 한 마디가 무엇인지 알게 되었다. 이렇게 나의 감정과 생각을 우선순위에 두니 인간관계에서도 중립을 지키며 나를 지켜나갈 수 있게 됐다.

인생은 착하다는 것만으로 행복해질 수 없다. 착하다는 말에 속은 나의 인생은 '나'라는 주체가 없었고 오직 다른 누군가를 위한 삶이었다. 내 삶은 타인을 의식하고 그들을 위해 희생하며 헌신하는 그저 착한 사람일 뿐이었다. 모든 사람의 만족을 위해 애쓰느라 정작 나의 인생은 착하다는 말로 포장된 좋은 사람이란 이미지가 전부였다.

이제는 인생에서 '착함'을 벗어던질 때이다. 스스로 자신의 가치를 인정하지 못하고 다른 사람에게 인정받으려 좋은 사람인 척 살아가지 말자. 삶이든 일이든 소신껏 자신의 의견을 펼쳐 살아있다는 것을 느끼고 그 충만함을 만끽해보길 바란다. 그리고 그 시작은 '거절'에 있다는 것을 알게 될 것이다.

자신의 감정과 생각을 당당하게 표현해야 우리의 인생에도 재미가 찾아온다. 반듯하게 착한 사람으로는 자신의 인생에서 만족감이나 재미를 절대 느낄 수 없다. 남의 시선은 과감하게 벗어던지고 자신을 믿으며 그 길을 찾아 떠나보자.

거절도 연습하면 는다

타인 중심적 사고를 가진 사람들은 '노'라고 말하는 것이
상대에게 상처를 주는 것이라고 여긴다.

지난 해, 나는 여름이 오기 전에 건강한 몸매를 가지고 싶었다. 그래서 본격적인 계획을 세우고 실행에 옮겼다. 우선 휴대폰 배경에 내가 원하는 몸매의 사진을 설정해 자극을 주고 아침엔 간단하게, 점심은 든든하게, 저녁은 닭 가슴살 샐러드를 먹고 출출할 때에는 틈틈이 견과류를 먹었다. 그리고 운동은 일주일에 세 번은 필라테스 수업을 갔고, 하루 1시간씩 홈트레이닝을 했다. 식단 조절 계획은 완벽했다. 아예 굶는 것도 아니고 심지어 점심은 원하는 대로 먹는 시스템인지라 크게 힘들지 않았다. 다만 운동, 특히 홈트레이닝이 문제였다.

원래 운동을 즐기던 사람이 아니어서 혼자서 꾸준히 운동을 할 수 있을지 스스로 의문이었다. 그래서 욕심을 내지 않고 무엇보다 꾸준히 운동을 하는 것을 목표로 삼았다. 처음 목표는 팔굽혀펴기 딱 10개. 그런데 이게 쉽지 않았다. 2개만 넘어가도 팔이 부들부들 떨렸다. 5개가 넘으면 땀이 비 오듯이 쏟아져서 한 시간쯤 달리기를 한 것 같아 보였다. 그래도 포기하지 않고 부들부들 떨며 팔굽혀펴기를 하자 서서히 나아졌다. 팔과 허리에 근육이 붙으며 10개에서 15개로, 20개로 개수를 늘려도 거뜬히 해낼 수 있게 되었다. 그렇게 매일같이 꾸준하게 운동을 한 결과, 근육량은 늘어났고 서서히 원하는 라인이 잡혔다.

지속적으로 운동을 하면 근육량이 늘어나는 것처럼 무엇이든 꾸준하게 한다면 실력은 향상된다. 이는 자신의 생각과 감정을 표현하고, 상대의 부탁이나 요구를 거절하는 것에도 적용된다. 타인의 부탁을 수락하기만 했던 사람에게 거절은 어색하고 어렵다. 하지만 거절에 대해 바르게 인지하고 지속적으로 연습한다면 결국 잘 거절할 수 있게 된다.

처음부터 자신의 의사를 표현하는 것이 쉽지 않다면 타인의 반응에도 위축되지 않고 명확하게 끝까지 자기표현을 하는 모습을 상상하는 것부터 시작하는 것도 하나의 방법이다. 그리고 자신에게 부탁을 하는 사람들의 유형을 파악하고 자신이 어떤 부탁에 취약하고 거절하는 것을 두려워하는지 분석해보자. 누구보다 자신을 잘 아는 건 본인이다. 이미 자신이 거절하지 못하는 이유를 잘 알고 있을 것이다.

자신의 취약점을 파악했다면 거절하는 것이 타인에게 상처를 주는 것이라는 생각을 버려야 한다. 거절은 솔직하게 자기 의사를 표현하는 것이다. 또 나를 지키기 위한 무기이자 나에 대한 예의이기도 하다. 자신을 지키기 위해서는 과거의 생각에서 탈바꿈하고 다르게 행동하며 그것을 위해 연습을 해야 한다.

대부분 거절하지 못하는 사람들은 타인 중심적 사고를 가지고 있고 그들이 우선순위이다. 타인 중심의 삶을 사는 사람들은 외부에 쉽게 반응하고 영향을 받으며 너무나 쉽게 흔들린다. 대인 관계에서는 소극적인 태도로 남이 하자는 대로 수동적으로 행동하고 말한다. 이런 사람들은 다른 사람들이 보기에 '쉽게 상대할 수 있는 사람', '마냥 착하고 좋은 사람'이다.

또 타인 중심적 사고를 가진 사람들은 상대의 부탁과 요구를 거의 거절하지 못한다. '노'라고 말하는 것이 상대에게 상처를 주는 것이라고 여긴다. 그래서 곤란한 부탁일지라도 웬만해선 '예스'다.

이들은 타인에게만 관심을 둘 뿐 자신의 감정은 무시한 채 살아간다. 그러다 어느 날 인생에 자신이 없다는 것을 깨달았을 때 회의감에 빠지곤 한다. 스스로 자신의 인생을 조절할 수 없다고 느끼며 좌절하게 될 것이다.

행복한 삶을 위해서는 이제 타인 중심이 아닌 자기중심으로 이루어진 삶을 살아야 한다. 이는 이기적으로 행동하라는 말이 아니다. 자신의 가치관, 생각을 단단히 세우고 자기 삶을 사랑하고 주인이 되라는 말이다. 그러기 위해서는 내가 싫은 것, 좋은 것을 분명하게 전달해야 한다. 그리고 반드시 적절한 거절을 해야 한다.

거절을 해야만 한다는 말만 들어도 벌써 가슴이 두근거리고 자신이 없는가. 그럴 수 있다. 평생 하지 않은 일이다. 지금부터 연습을 통해서 스스로 상황에 익숙해지도록 하면 된다. 다음은 내가 제시하는 거절하는 연습이다. 차근차근 따라 해보면 어느새 편안한 마음으로 거절할 수 있는 순간이 올 것이다.

첫 번째 거절하는 연습은 거절에 대해 스스로 가지고 있는 인식을 바꾸는 것이다. 많은 사람들이 거절을 단순히 상대에 대한 '부정'이라고 생각하지만 전혀 그렇지 않다. 거절을 했다고 해서 그 사람 자체를 밀어내는 것이 아니다. 상대의 부탁에 대해 '할 수 없겠다'라고 말하는 것이 거절이다. 거절은 자신의 의견을 흔들림 없이 끝까지 전달하기 위한 도구인 것이다. 적절한 거절을 선택했을 때 자신을 지키면서 건강한 대인관계를 유지할 수 있다. 이는 오래도록 유쾌한 관계를 지키기 위한 조건 중 하나다.

그런 의미에서 거절은 서로의 존중이다. 자신이 거절하는 것도 상대가 거절 당하는 것도 서로의 의견을 존중한다는 의미이다. 그리고 이때 나에게 상대의 부탁을 거절할 자유가 있듯이 거절당한 상대가 나에게 실망할 자유도 있다는 것을 알아차리고 받아들여야 한다. 모든 사람에게 좋은 사람이 되려고 하면 모든 사람들에게 휘둘릴 수밖에 없다.

두 번째 거절하는 연습은 자신의 생각을 스스로 정리해서 깨닫는 것이다. 뒤죽박죽인 자신의 생각을 정리해 노트에 적어보자. 처음부터 매끄러운 문장을 적으라는 것이 아니다. 머릿속에서 정리되지 않은 생각을 키워드만이라도 적어 쭉 나열해보는 것이다. 이렇게 적힌 노트를 보면 내가 어떤 생각을 하고 있는지 알 수 있다. 무엇이 문제인지, 어떤 것이 내 진짜 감정인지, 혹시 타인의 감정을 짐작한 가짜 감정은 아닌지, 객관적으로 잘못된 것이 있는지, 있다면 무엇인지 눈에 보일 것이다.

이렇게 자신의 생각과 감정을 객관적으로 바라보면 당면한 문제를 파악하고 해결하는 데 도움이 된다. 관찰자로 입장이 바뀌면서 감정을 분리하고 있는 그대로 바라볼 수 있기 때문이다. 그 후 정리된 자신의 생각을 상대방에게 진솔하게 전하면 된다. 횡설수설하던 말하기는 명확하고 부드럽게 전달되고 마음속에 맴돌기만 하던 말은 자신 있게 표현할 수 있게 될 것이다.

마지막 거절하는 연습은 회복 탄력성을 기르는 것이다. 회복 탄력성이란 원래 상태로 돌아오는 힘을 말한다. 여기서 부탁과 요구가 일어나기 전, 즉 어떤 상황에서 거절하기 전 평온한 상태를 유지하는 것이다. 상대방의 눈치가 보여 하고 싶은 말을 못하거나, 관계가 어긋날까봐 두려워서 자기표현을 하지 못하는 사람들은 타인의 제안을 거절한 그 순간부터 마음이 혼란스럽다. 만약 거절했다면 그 후의 상황도 견뎌야 할 부분이다.

잠시 심호흡을 통해 복잡한 마음을 가라앉혀 보자. 이때 상대방에 대한 미안함과 거절했다는 죄책감을 버리고 거절 후 자신이 얻을 긍정석인 상황에 대한 생각으로 전환을 하면 좋다. 예를 들어 거절로 끝나는 것이 아니라 상대방에게 다른 방안을 마련해주면서 서로가 마음 상하지 않게 상황이 마무리되는 것을 생각해보는 것이다.

거절하는 연습으로 조금 느려도 자신의 내면을 강하게 키울 수 있다. 처음 거절할 때는 사소한 것부터 시작하면 좋다. 사실 거절이 처음만 어렵지 그 다음은 아무것도 아니다. 한 번에 모든 것을 바꿀 수는 없다. 무조건 상대의 제안에 수락했던 자신을 인지하고 거절하기 위한 연습을 통해 거절을 시도해보길 바란다. 거절은 당신의 생각과 감정 나아가 삶을 지킬 수 있다.

자기 영역을 지키려다 보면 때로는 이전과 다르게 행동해야 할 때가 있다. 자유롭고 편하게 거절할 수 있을 때까지는 지속적으로 연습이 필요하다. 물론 실패하는 경우도 많겠지만 그렇다고 자책할 필요는 없다. 거절하는 연습을 통해서 결과적으로 우리는 원하는 결과를 얻을 수 있다는 것을 기억하기 바란다.

자신의 의사표현을 정확하게 상대에게 전달하는 것을 포기하지 않는다면 어느 순간 당신은 타인의 감정에 휘둘리지 않는 자신을 발견할 수 있을 것이다. 작게 보이는 것부터 시도해나갈 때 '거절 근육'과 '자기표현 근육'을 키울 수 있다. 그렇게 되면 당신은 더 이상 거절이 어렵지 않다는 것을 깨닫게 될 것이다.

어이없는 부탁을 들어주려 애쓰지 마라

상대의 기분을 너무나 잘 이해할 수 있어
그들이 겪을 곤란한 상황과 감정이 예상되어도 거절해야 한다.

사람은 누구나 타인에게 도움을 주는 사람이 되고 싶어 한다. 상대를 위해서 내가 무언가를 한다는 것은 타인에게 인정을 받는 사람, 좋은 사람, 능력자라는 평가를 받기 때문이다. 이런 기분에 취해 거절의 기준을 바르게 세우지 않는다면 타인의 부탁을 들어주느라 자신의 시간을 허비하게 될지도 모른다.

거절의 기준을 세울 때 첫 번째로 꼽아야 할 것이 어이없고 황당한 부탁만큼은 들어주려고 애쓰지 말아야 한다는 것이다. 어쩌면 당신은 상대의 부탁이 황당한 제안임을 스스로도 잘 알고 있는

지도 모른다. 그러면서도 그들의 요청을 들어주려고 노력하는 것은 앞으로 많은 거절의 기회마저 잃게 되는 것과 같다. 지금이야 말로 어이없는 부탁을 거절하는 것이 기회일지도 모른다는 것을 알아차려야 한다.

황당하고 허무맹랑한 부탁을 막무가내로 해달라고 할 때에는 차분하게 '이러저러해서 그건 네가 해야 할 것 같아. 내가 그건 해줄 수 없어.'라고 설명을 해주면 거절이 수월해진다. 거절을 할 때 둘러댈 명분이 있으면 거절의 부담감은 덜어진다.

이렇게 거절할 수 있는 기회가 있음에도 사람들은 타인의 요청을 거절할 수 없다며 자신의 감정을 속이며 살아간다. 불편한 요구를 하더라도 쿨하게 "괜찮아요."라고 답한다. '이 정도는 해줄 수 있어'라고 스스로를 설득하며 버거워도 친절한 척 요청을 받아들인다. 이렇게 자기 합리화를 하는 것은 상대의 부탁을 거절할 수 없어 억지로 들어주는 진짜 자기 감정을 외면하기 위해서다. 스스로 감정을 속여가면서까지 친절을 베푸는 것이다.

이것은 잘못된 사고에서 비롯되는 문제이다. 무엇이 잘못되었는지 인지하고 바로 잡아야 한다. 그렇지 않으면 당신은 절대로 타인의 부탁에서 해방되지 못한다. 이때 무엇보다 중요한 것은 본인 스스로 타인의 부탁을 당당하게 거절하고 싶은지의 여부이다.

나 역시 오랫동안 이러한 문제를 전혀 인지하지 못했다. 타인의 부탁을 거절하지 못하는 과정에서 불편함을 느꼈지만 그저 참고 마는 일을 반복했다. 상대의 기분을 너무나 잘 이해할 수 있어 내가 거절했을 때 그들이 겪을 곤란한 상황과 감정을 무시할 수 없었다. 그래서 이를 배려하는 탓에 그들이 부탁을 해오면 거절하지 못하고 사소한 것까지 다 들어주곤 했다.

문제는 이런 나를 주변인들은 나만큼 배려해주지 않는다는 것이다. 오히려 "쟤는 부탁을 들어주는 애."라는 인식이 퍼져 혼자서는 다 처리할 수 없을 정도로 부탁이 몰려들었다. 그럼에도 나는 거절하지도 도움을 요청하지도 못했다. 이렇게 나를 궁지로 몰아세우면서까지 타인을 위해 애를 쓰곤 했다.

거절하지 못하는 사람들은 '착해서 그러는 것' 혹은 '모질지 못해서 그러는 것'이라고 스스로에게 변명을 하며 자신과 주변 사람들에게 어떤 피해를 주는지도 모르고 살아간다. 그저 자신을 '친절한 사람', '착한 사람'이라고 생각할 뿐, 그것이 자신의 취약점이라고 인지하지 못한다. 오히려 자신과 다른 사람들을 '이기적인 사람', '배려심도 없는 사람'이라고 치부해버린다. '주변 사람들은 나처럼 착하지 않아서 어쩔 수 없이 내가 마음고생 한다'고 착각한다. 실은 거절하지 못해 생긴 자신의 상황을 멋대로 생각하는 것 뿐이다.

취약은 무르고 약한 것을 말한다. 그래서 일까. 사람들은 자신의 약한 점이라고 생각하면 쉽게 인정하지 않으려고 한다. 약점이든 잘못이든 인정하지 않고서는 원인을 해결할 수 없다. 당신이 그것을 인정하고 받아들일 때 그 다음을 볼 수 있다. 지금부터 당신은 타인의 끊임없는 요구에 '예스'를 멈추고 때로는 불편한 순간을 감수할 수 있는 강단을 가져야 한다. 거절해야 하는 타당성과 거절하지 않았을 때 손실을 생각하며 거절의 순간으로 자신을 밀어 넣어야 할 때이다.

싫을 때 싫다고 말하는 것은 당연한 일이다. 단지 남에게 싫다고 말하는 것이 어려울 뿐이다. 거절의 이유를 밝힐 때는 정당화시킬 필요가 없다. 상대에게 진실 되게 눈을 맞추고 정중하게 말하면 그뿐이다. 거절을 표현했는데 그 자리에서 당신을 비난하거나 소외를 시킨다면 그런 관계를 끝내는 것도 좋다. 관계에서 서로 상호관계를 이루는 것은 중요한 것이기에 한쪽으로만 치우치는 관계는 건강한 관계가 될 수 없다.

항상 '예스'라고 말하는 것은 자신을 속이고 있는 것인지도 모른다. 상대방과 적이 될까봐 무서워서 마음속에 있는 거절의 뜻을 전하지 못하는 일이 있어서는 안 된다. 스스로 마음을 다스리지 못하고 상대의 부탁을 수용하기만 한다면 주인 없는 삶을 살아가게 될 것이다. 부탁을 해결하기 위해 고생은 고생대로 하면서 인정은 받지도 못하는 신세가 될 수도 있다는 것을 명심하자.

상대의 부탁이나 요구를 거절했다가 소외당하거나 미움을 받을 수 있다는 것은 막연한 두려움에서 나오는 감정이다. 그 두려움은 우리의 삶을 지치게 만든다. 보이지 않는 부정적인 에너지는 우리의 자존감마저 떨어지게 한다. 반복적으로 말하지만 거절은 궁극적으로 나 자신을 지키는 수단이다. 거절하지 못해서 감당해야 하는 심리적 부담감은 물론, 처리하지 못할 일을 떠안고 맞닥뜨리는 현실적인 문제로 불안감, 자괴감을 느낄 뿐만 아니라 자신에 대한 가치와 존중감도 떨어진다. 거절하는 연습으로 스스로를 구제해야 한다.

수용적인 말을 사용하던 사람은 거절의 언어로 바꾸려고 할 때면 거두절미하고 단칼에 거절을 하려는 경향이 있다. 이런 방법은 역효과가 발생할 수도 있다. 거절은 공격적으로 하는 것이 아니다. 단호하게 자신의 할 말을 하되 담백하게 전해야 한다. 그렇다고 무조건 길게 말하는 것은 좋은 방법이 아니다. 거절이 익숙하지 않은 사람들은 거절하기 위해 설명이 길어진다. 자신이 거절할 수밖에 없는 상황임을 강조하기 때문이다. 그러나 불필요한 말들이 길어질수록 애매모호해진다.

거절할 때는 결론적인 핵심부터 전달하자. 거절의 입장을 뚜렷하고 분명하게 전달하고 그 뒤에 이유와 차선책을 말하면 좋다.

무엇이든 지나친 것은 바람직하지 않다. 친절도 지나치면 자신을 배반한다. 지나친 배려 역시 삶에서 부작용을 발생시킨다. 좀 더 쿨하게 내 마음 속의 진실을 전달하고 거절과 부탁을 조금씩 더 잘해 나가며 최종적으로 자신과 관계를 지키는 삶을 살길 바란다. 자신에게 솔직하고 내 감정에 귀 기울일 때 나를 존중하고 서로를 존중하는 사람들이 많아질 것이다. 자신의 감정적 학대를 하면서까지 타인의 부탁을 들어주려고 애쓰지 말고 자신의 욕구와 감정을 살피고 인생에서 자신의 소중함을 깨닫기를 응원한다.

가까운 사람의 부탁이 가장 힘들다

자신의 상태를 묵인하고 타인의 부탁은 들어주는 것은
자기 자신을 무시하는 행동이다.

하루는 퇴근 후 한가로이 소파에 누워서 휴식을 취하고 있을 때 '하늘아 잘 지내?'라는 문자 메시지가 왔다. 발신자를 보니 대학시절 친구처럼 친하게 지내던 C 선배였다. 선배는 나를 항상 알뜰살뜰 챙겨주곤 했었다. 또 선배가 좋은 일이 생겼을 때에는 가장 먼저 나에게 알리기도 했고, 가장 힘든 일이 있었을 때도 내게 먼저 말해주었다. 아쉽게도 졸업 후 각자 취업을 하면서 연락이 뜸해졌다. 그 선배와 함께 한 대학 시절이 즐거웠던 추억으로 자리 잡고 있었기에 그날의 연락은 너무나도 반가웠다. 나는 즉시 답장을 보내면서 다음에

만날 약속까지 정했다.

졸업하고 3년 만에 만난 우리는 어제 본 것 마냥 어색함 없이 너무나도 편하게 느껴졌다. 타임머신을 타고 되돌아간 느낌이었다. 지난 추억으로 시간 가는 줄 모르고 이야기를 나눴다. 그동안의 좋은 일, 힘들었던 이야기를 공유하면서 서로를 격려하고 위로했다. 이렇게 우리는 다음 만남을 기약하고 헤어졌다. 그리고 며칠 뒤 선배에게서 문자 메시지를 받았다. 40만 원 가량 돈을 빌려달라는 것이었다. 나는 망설임 없이 무슨 일이냐고 답신을 했다. 남동생한테 일이 생겼는데 지금 당장 줄 돈이 여의치가 않다며 빌려줄 수 있냐고 물었다. 나역시 돈을 빌려줄 만큼 여윳돈이 있었던 것은 아니었지만 며칠 내로 갚겠다고 꼭 좀 부탁한다고 하는 선배의 말을 모르는 척할 수가 없었다. 나는 어학연수를 가기 위해 모아둔 돈에서 40만 원을 꺼내어 빌려주었다.

그렇게 돈을 빌려주고 약속 기한이 지나도 선배에게서는 아무런 연락이 없었다. 한참을 지나 내가 먼저 메시지를 보내자 미안하다며 다음에 꼭 돌려주겠다는 연락이 왔다. 나는 어리석게도 철석같이 그 말을 믿고 기다렸다. 시간이 흘러 며칠이 지나도 연락은 없었고 나는 선배에게 여러 차례 전화와 문자메시지를 보냈다. 내심 무슨 일이 생긴 건지 걱정이 되기도 했다. 하지만 걱정과 달리 일방적으로 연락을 피하고 있다는 것을 알게 되었고 얼마 뒤 더 이상 연락이 닿질 않았다.

나는 이런 상황이 당황스러우면서도 도무지 이해할 수가 없었다. '그 돈이 뭐라고 자취를 감춰버리는지…. 돈 잃고 사람을 잃었다는 것이 이런 거구나.'라는 생각이 들었다. 나는 선배를 믿었던 만큼 충격도 컸던 탓에 한동안 이 일로 마음고생을 많이 했다.

이처럼 친한 사람일수록 부탁을 쉽게 하고 또 쉽게 들어주는 경향이 있다. 서로의 친밀도를 앞세워 부탁을 들어주길 바라고, 또 친하기 때문에 쉽사리 거절하지 못한다. 가까운 사이일수록 자신의 상황을 이해해줄 것이라고 생각하기 때문이다.

C 선배 사건 이후로 나는 더 이상 그 누구에게도 돈을 빌려주지 않기로 했다. 그때의 경험으로 돈보다 사람이 중요하다는 것을 깨닫고 나만의 기준이 생겼다. 내게 금전적인 부탁을 해올 때면 C 선배 이야기를 하면서 자연스럽게 거절을 했다.

이런 방법의 거절은 거절을 잘 하지 못하는 사람이 쓰기 좋은 방법이다. 상대의 요청을 수락하지 못하는 자신의 상황이나 입장을 있는 그대로 전달한다면, 어지간히 이기적인 사람이지 않고서야 거절하는 당신을 이해한다. 또 거절을 잘 하지 못하는 사람도 스스로 정한 규칙과 매뉴얼에 따라 행동하는 것이다 보니 손쉽게 거절할 수 있다.

어느 날 큰 언니로부터 메시지가 왔다.

'다음 주 까지 C의 자기소개서 좀 써줘.'

'왜? 회사 옮겨?'

'아니, 정규직 전환 신청한다고 해서.'

친한 친구의 자기소개서가 필요하다며 큰 언니가 내게 부탁을 해왔다. 사실 나도 자기소개서를 써본 적이 없어 그 작업은 내게 어렵게만 느껴졌다. 자기소개서는 최대한 자신을 어필하는 수단이고 요즘은 워낙 취업 경쟁률이 높아 자기소개서는 꽤나 중요한 부분인데 이를 한 번도 써보지 않은 나에게 부탁하다니 난감했다.

나는 솔직하게 언니에게 자기소개서는 써본 적이 없기에 부탁을 들어줄 수 없다고 말했다. 그러자 언니는 괜찮다며 그냥 대충 써달라고 했다. '대충? 난 큰 언니 친구의 인생을 알지 못하는데?' 설령 안다고 해도 막막할 노릇이지만 말이다.

"아니, 대충이라도 못 써. 자기를 소개하는 일을 어떻게 다른 사람이 써?"라고 거절하고 싶었지만 끝내 말하지 못했다. 큰 언니의 부탁을 거절한다면 머쓱할 언니의 마음이 신경 쓰였다. 큰 언니의 친구역시 나와 모르는 사이가 아니었다. 오죽하면 이 중요한 자기소개서를 친구 동생에게 부탁할까. 어쨌든 자신보다는 내가 잘 쓸 것이라고생각했을 그 마음이 신경 쓰였다. 그리고 결정적으로 언니의 부탁을거절하지 못했던 이유는 내가 어려울 때나 급할 때 언니의 도움을 받은 적이 너무나도 많았다. 문득 그때 기억들이 떠오르면서 언니의 부탁을 수락하고 말았다.

언니는 나에게 형식상 제출해야 하는 것이라고 대충 써도 된다고했지만 엄청난 부담감을 느꼈다. 괜히 내가 잘 못 쓰는 것은 아닌지한 글자 한 글자 쓰는 것이 조심스럽다 못해 괴로웠다. 무엇보다 큰언니 친구의 인생 이야기를 글로 만들어내야 하는 것이 힘들었다. 하지만 나는 내색도 못하고 일단 정보를 받았다. 그리고 열심히 말을 짓고 만들어내기 시작했다. 시간을 얼마나 쏟아부었는지 에너지는 또얼마를 썼는지 모른다. 글을 쓴다는 것, 더구나 누군가 읽고 검사하듯살펴볼 글을 쓴다는 것, 무엇보다 내 이야기 아닌 다른 사람의 이야기를 쓴다는 것이 여간 어려운 일이 아니었다. 어쨌든 쓰고 지우기를 수없이 반복해서 그럴듯한 자기소개를 완성했고 큰 언니에게 전달할 수 있었다.

당시 나는 또 누군가의 부탁을 거절하지 못하고 나의 시간을 할애하며 애를 썼다는 생각에 자괴감이 들었다. 타인에게 명확하게 자기 의사표현을 하지 못하고 우물쩍거리거나 거절이 두려운 사람들에겐 '노'라고 말하는 것은 쉽지 않은 일이다. 더욱이 가족, 친구, 지인 등 가까운 사람의 부탁이라면 말할 것도 없다. 처음부터 거절은 아예 접어두고 부탁을 들어주고 해결하는 것에 몰두하고 있을 사람들이 대부분이다.

거절이 어렵다고 마냥 상대의 부탁을 수락할 수는 없다. 이럴때 내가 제안하는 방법은 부탁을 수락하기 전 상대방에게 그 일을 도울 수 있는 약간의 조언을 하는 것이다. 예를 들어 자기소개서를 써주는 대신 쓰는 방법을 알려주면 된다.

친분의 이유로 억지로 하기 싫은 일을 해가며 그 사람에게 맞추지 않아도 된다. 부탁을 받았을 때 자신의 능력 범위 안에 있다면 도움을 주어도 되지만, 능력 범위에 벗어난 일이라면 과감히 거절해야 한다. 이것은 서로가 겪을 위험 부담에 대한 책임을 명확하게 하는 것이다. 그래야 해주고도 욕먹는 상황을 막을 수 있을 것이다. 가까울수록 싫은 소리, 자기표현을 명확하게 해야 한다.

  가까운 사람들에게도 거절하는 연습을 시작해보자. 부탁하는 사람들에게도 이유가 있듯이 거절하는 사람들에게도 반드시 이유가 있다. 자신의 능력 밖이거나 혹은 상황이 여의치 않는 등 이유가 있으면서도 자신의 상태를 묵인하고 타인의 부탁은 들어주는 것은 자기 자신을 무시하는 행동이다. 가까운 사이에서도 자신이 거절할 수밖에 없는 이유를 설명하면 된다.

  건강한 관계를 유지하기 위해서는 가까운 사람들에게도 적절하게 거절하는 것이 중요하다. 올바른 거절은 오히려 관계 손상을 줄이고 신뢰도를 높인다는 것을 명심하자.

한 번 부탁한 사람은 계속 한다

그들은 이미 '당신이 해줄 것'이라는 답을 내리고
당신에게 부탁을 한다.

사람들은 왜 하필 당신에게만 부탁하는지 생각해본 적이 있는가? 당신이라면 모든 것을 해결할 수 있을 것 같아서? 당신의 능력이 뛰어나서? 절대 아니다. 대부분 사람들은 당신이 부탁을 거절하지 못할 것을 알고 부탁하는 것이다. 그래서 제 아무리 힘든 부탁이라도 당신에게는 쉽게 부탁한다. 남들이 들어주지 않는 어렵고 힘든 부탁을 쉽게 수락하고 열 일 제치고 도와줄 것이라고 믿기 때문이다. 그리고 그 대가는 고맙다는 몇 마디 말과 약간의 찬사 정도다. 어쩔 때는 이 표현마저 생략되기도 한다.

나는 어느 순간부터 친구인 D 양에게 여행가는 것을 말하지 않는다. 여행갈 때마다 면세품을 사다달라는 부탁에 질려 버렸기 때문이다. 이 부탁이 계속되는 줄 알았다면 처음부터 들어주지 않았을 것이다. 면세품은 사는 것은 간단하지만 인도장에서 물건을 찾고 챙기는 것부터 일이다. 고가품일 경우 행여 잃어버릴까봐 여행 내내 노심초사 한다. 면세품은 내게 짐이 되었고 여행하는 동안 신경 쓰여 마음이 편치 않았다. 나중에는 '이걸 왜 해주겠다고 한 건지' 후회스러웠다.

사실 D 양은 내게 퍽 부담스러운 친구다. 참 다양한 부탁을 하기 때문인데, 너무 사소해 부탁으로 보이지 않아 오히려 거절하기 어려운 경우도 많다. 대표적인 것이 항상 내게 어디 가는지 묻고, 같이 가자며 쫓아오는 것이다. 혼자 다니는 것을 좋아하는 나에게는 매우 부담되고 편치 않은 일이다. 하물며 화장실까지 같이 가자며 모든 것을 나와 함께 하려는 D 양에게 나는 혼자 다니는 것이 좋다고 설명도 해봤지만 소용없다. 그녀와 반복되는 실랑이로 감정을 소모하는 것이 싫어 결국 두 손, 두 발을 다 들고 그녀가 원하는 대로 해주곤 한다.

많은 사람들이 나에게 지속적으로 부탁을 하고 그 요구를 수락해 버릇하면 사람들은 나를 쉽게 대하는 경우가 많아진다. 이미 상대방이 당신의 성향을 파악했다는 뜻이다. 나 같은 경우에는 막무가내로 조르는 사람에게 취약하다. 하지만 이런 분류의 사람도 부드럽지만 강하게 의사 표현을 한다면 아무리 막무가내로 나와도 충분히 거절할 수 있다는 것을 알았다.

당신이 부탁을 수락할 것이라고 생각하는 사람들은 당신이 베푼 배려와 고마움을 금방 잊어버린다. 처음 부탁할 때에만 당신에게 미안한 감정을 느끼지 부탁이 반복될수록 당연시 하는 것이다. 그들은 이미 '당신이 해줄 것'이라는 답을 내리고 당신에게 부탁을 한다. 그렇기 때문에 그들은 당신이 부탁을 들어줄 수밖에 없게끔 유도를 하기도 한다. 그렇게 당신은 부탁하는 사람의 설득에 넘어가고 마는 것이다.

자신이 늘 타인의 부탁을 수락하는 사람이라면 한번쯤 생각해 볼 필요가 있다. 부탁을 자주 하는 사람들은 상대에게 요청하는 것을 대수롭지 않게 생각한다. 물론 모두가 다 그렇다는 것은 아니다. 피치 못할 사정으로 부탁하는 사람들도 있지만 대부분은 부탁하는 사람들의 마음에는 '뭐 어때서?'라는 가벼운 생각이 기본적으로 깔려있다. 그렇기 때문에 그들은 쉽게 부탁을 하고 상대의 입장이나 상황 따위는 고려하지 않고 자신의 일처리에만 급급하다.

당신은 언제까지 타인의 부탁을 들어주면서 살 수 없다. 이런 행동을 전환하기 위해 가장 먼저 해야 할 것은 당신이 왜 끊임없이 부탁을 수락하는가를 아는 것이다.

대부분은 가족과 친구, 지인관계는 애정으로 묶여 있다. 사람들은 이런 사이에서 거절을 하면 관계가 어긋나는 것이 아닌지 불안해 한다. 실상은 부탁을 거절했다고 해서 절대 사이가 어긋나거나 소외당하지 않는다. 오히려 상대방의 요청을 끊임없이 들어줌으로 당연하다고 생각할지도 모른다.

자신이 한 번 거절했다고 소외시키거나 당신을 미워한다면, 그 사람은 거절 여부와 상관없이 당신을 언제든지 소외시킬 수 있다는 것을 알아야 한다.

한두 번 받아준 부탁을 상대가 당연하게 여기고 자신에게 계속 부탁한다고 생각이 들면 당신은 더 이상 그 부탁을 들어주지 않아도 된다.

부탁하는 사람은 늘 부탁한다. 그러니 당신이 부탁하는 사람들의 유형을 파악한다면 현명한 대처법으로 그들의 부탁을 거절을 할 수 있다.

먼저 관계의 유형을 크게 두 분류로 정의를 하고, 부탁의 강도도 두 가지로 쉬운 것과 어려운 것으로 분류해보자. 유형은 친한 관계와 비즈니스 관계로 나뉜다. 이때 친한 관계는 가족과 친지, 친구 정도이고, 비즈니스 관계는 형식적인 사이로 직장관계, 지인 정도다.

친한 관계에서 쉬운 부탁을 할 경우

친구로부터 과제에 사용할 간단한 디자인 제작 요청이 들어왔다. 하지만 지금 해줄 수 있는 상황이 아니라 그 부탁을 들어줄 수 없다. 이처럼 부탁 자체는 어렵지 않지만 상황이 여의치 않아서 거절할 수도 있다. 이때 상대의 부탁을 모두 거절하기보다는 서로 상황을 조절해서 부탁을 들어주는 것도 방법이다.

친한 관계에서 어려운 부탁을 할 경우

부탁하는 상대방도 무거운 마음이 깔려 있기 때문에 딱 잘라 거절하면 마음에 상처를 줄 수 있다. 예를 들어 금전적인 부탁이라면 그 상황을 먼저 공감하고 그 다음으로 당신이 도울 수 있는 범위를 전달하고 수위 조절을 하면 된다. 혹은 도저히 들어줄 수 없는 부탁이라면 적절한 이유(예를 들어 경제적으로 여의치 않다)로 상대방을 부드럽게 이해시킨 후 거절 의사를 밝히는 것도 방법이다.

비즈니스 관계에서 쉬운 부탁을 할 경우

이 역시 부탁은 비교적 어렵지 않지만 선뜻 나서고 싶지 않은 경우이다. 이럴 때는 호의적인 반응을 보이되 직접 해결하지 않아도 된다. 대신에 그 부탁을 해결할 수 있는 대체 방법을 알려주면서 거절하면 좋다.

비즈니스 관계에서 어려운 부탁을 할 경우

오히려 친분이 두텁지 않아서 거절하기에는 수월한 상황이다. 친밀도가 낮아 거절했을 때 심리적 부담이 적다. 서로 간의 큰 기대를 하지 않기 때문에 "죄송하지만 제가 다른 업무로 인해 도움을 드릴 수가 없어요."라고 정중하게 말하면 대부분 이해한다.

이처럼 지속적으로 부탁한 사람들의 성향과 심리를 미리 파악하면 거절은 비교적 수월해질 것이다.

당신에게 부탁을 할 것 같은 상황이 오면 처음부터 덜컥 수락하기 보다는 상대방의 말하는 것을 들으면서 수락 또는 거절할 수 있는 범위를 판단하는 습관을 들여보자. 당신의 삶에 비집고 들어오는 피곤한 관계를 차단하기 위해서는 거절의 중요성을 항상 기억하길 바란다.

거절을 못하면 누군가를 미워하게 된다

당신은 오늘도 누군가를 미워하고 있지 않은가. 왜 우리는 부정적인 감정을 느끼며 누군가를 미워할까? 그 내면을 들여다보면 실은 관계 때문에 상대방에게 불편한 감정을 느끼면서도 솔직하게 말하는 것을 꺼리기 때문이다. 표출할 수 없는 감정이 쌓이게 되면 어느 순간 자신도 모르게 상대를 미워하는 감정으로 바뀐다. 자신의 감정을 참으면서 누군가를 미워하는 것은 올바르지 않다.

감정은 숨길수록 무의식중에 자신의 말과 행동에서 드러나게 된다. 솔직하게 자신의 감정을 전달하는 것을 미안해하거나 자신의 말에 상대가 상처받을 거란 죄책감을 가질 필요 없다. 오히려 진실 되게 말하지 않으면 오해는 오해를 낳고 문제의 본질에서 벗어나 감정의 골이 깊어지게 된다.

A와 B 씨. 이 두 사람은 새로운 일을 함께 시작했다. 그 일을 시작하기 위해서는 두 사람의 능력이 서로 상호보완이 되어야 했기 때문이다. 누군가는 리더 역할을 하고 다른 한 사람은 서포터를 해야 하는 상황이었다. 두 사람의 역할이 시너지 효과가 날 때 사업의 매출에 긍정적인 영향을 줄 수 있었다.

우선 A 씨의 아이템으로 순조롭게 사업을 진행할 수 있었고, B 씨도 충분히 고마워하며 그를 서포터하는 역할에 최선을 다했다. 그러나 기쁨도 잠시 두 사람 사이에서 A 씨의 말 한마디로 갈등이 일어나기 시작했다.

A 씨의 아이템으로 사업을 진행했기에 그의 노고가 더 많다는 것을 B 씨도 알고 있었다. 하지만 A 씨는 무의식중에 "내 덕분에 돈을 벌지 않느냐"는 말을 하기 시작했다. 서로 협력해서 결과를 내는 사업이었고, B 씨도 기여한 바가 있기 때문에 그에 맞는 대가를 받는다고 생각했다. 그런데 A 씨의 생색내는 말에 사기가 저하되고 감정이

상했다.

B 씨는 지속적으로 A 씨가 하는 말에 자신이 예민하게 반응하는 것이 아닌지, 속 좁은 사람이 된 것은 아닌지 생각하며 자신의 감정을 다그치기도 했다. 석연치 않았지만 시작하는 단계에서 괜한 말을 꺼내서 서로 감정 상하게 하지 말자라는 생각에 자신의 감정을 다독였다. 그렇게 덮어두는 감정은 A 씨가 "내가 주도적으로 일을 다 하지 않느냐."라는 말을 할 때면 불쑥불쑥 욱하고 올라왔다.

이처럼 불편한 감정은 일을 할 때에도 영향을 주고 관계에 있어 부정적인 결과로 이어질 수도 있다.

사소하지만 불편한 감정을 쌓아둔다면 큰 문제로 번져 일과 인간관계 모두를 망칠 수 있다. 자신이 느끼는 감정을 중요하게 생각해야 한다. 그렇다고 해서 서운한 감정을 상대에게 계속 표출하라는 것은 아니다. 서로 입장을 충분히 생각하고 마음이 상하지 않도록 하는 노력이 필요하다.

상대가 나의 감정을 상하게 했든, 어떤 오해가 생겼든 문제가 생겼을 때 감정을 더욱 증폭시켜 부정적인 생각을 하지 않으려면 감정이 느껴지는 순간에 자신의 감정을 알아차리고 어떤 감정인지를 인식할 수 있어야 한다. 자신의 감정을 무시해버린다면 언젠가는 쌓인 감정이 폭발해버리고 만다.

상대방을 미워하지 않기 위해서는 자신의 마음을 살펴야 한다. 또 모든 감정에 반응하지 않고 오해를 풀어야 한다. 이럴 때 서로의 감정을 덜 상하게 하는 효과적인 3단계 방법을 소개한다.

1단계 어떠한 감정이 들면 바로 알아차리고 인지하자

우월의식을 가지고 있는 상대가 당신을 과소평가해서 애매모호한 상황이다. 기분이 언짢지만 말하기도 그렇다. 이때 당신이 드는 감정을 오해하고 있는 것은 아닌지 명확하게 인지해야 한다. 감정의 오해를 풀지 않으면 관계에서까지 오해가 깊어진다.

2단계 자신의 감정에 유리한 쪽으로 생각하자

별것도 아닌 것에 자신이 너무 예민하게 반응을 보인 것이라면 그 감정을 풀 수 있는 방법을 생각해보자. '우월감을 느끼고 싶어서 그런가 보다', '서로 잘 되기 위한 협상을 위한 거지', '감정을 증폭시키면 모든 것을 잃을 수도 있어' 등과 같이 자신의 감정이 덜 상하는 쪽으로 유리하게 생각하는 것이다. 내 감정이 느끼는 대로 모든 것을 말할 수는 없다. 충분하게 자신의 감정에 대해 생각해보는 것이다. 그럼에도 상황이 달라지지 않거나 불편한 감정이 계속해서 느껴진다면 세 번째 단계로 넘어가자.

3단계 솔직하게 자신의 감정을 이야기 해보자

불편한 감정을 가지고 관계를 유지하는 것은 현명하지 않다. 그 감정을 솔직하게 털어버리고 생산적인 관계로 발전해나가는 것이 모두를 위한 것이다. 참았던 감정을 이야기하기보단 차분히 생각했음에도 해소가 되지 않는 감정을 솔직하게 전달해보자.

평소에 남에게 싫은 소리를 못하는 사람이 자신의 감정을 이야기할 때는 주의해야 할 것이 있다. 억눌렀던 감정을 갑자기 표출할 때 흥분을 한다거나 "할 말은 해야겠어"와 같이 그동안 보였던 모습과 다르게 격해지는 것을 조심하자. 오히려 상대방의 입장을 늘 고려하여 '친절'했던 자신의 강점을 살려 상대방에게 부드럽고 세련되게 감정을 전달하는 것이 좋다.

누군가에게 서운하거나 미운 감정이 드는 것은 내 마음의 반응에서 시작된다. 사람마다 예민도와 반응도가 다르기 때문에 서로 느낄 수 있는 감정의 온도는 차이가 날 수밖에 없다.

만약 상대방의 말에 서운한 감정이 느껴진다면 자신이 쉽게 상처를 받는 것이 아닌지 혹은 예민하게 반응하는 것이 아닌지 먼저 살펴보자.

그리고 자신과 타인의 감정을 구분하는 연습도 필요하다. 여기서 타인의 범위는 자신을 제외한 모든 사람이라고 생각하면 된다. 가족도 남이고, 친구도, 직장 동료도 당연히 남이다.

이렇게 감정의 선을 구분하고 자신이 상처받지 않는 기준에서 남의 감정에 반응하지 않고 수용하도록 노력해보자.

내가 행복하게 살아가기 위해서는 남의 감정을 남의 것으로 생각하는 습관을 들여야 한다. 남이 한 얘기나 행동을 곱씹고, 내가 피해봤다고 생각한다면 행복할 수도 없고 자신의 삶만 피곤해진다. 물론 남의 감정에 무관심해서도 안 된다. 살면서 서로 소통하면서 조율해야 할 일이 있기 때문이다. 중요한 것은 남의 감정에 자신이 휘둘리지 않아야 한다는 점이다.

각자 느끼는 감정은 자기만의 이유가 있다. 남의 감정은 그들고유의 것이며 내가 느끼는 감정은 온전히 내 것이다. 이런 감정은 어떻게 할 수도 없고 어떻게 해서도 안 된다. 즉 그 사람의 감정을 바꾸려 들거나 내 감정으로 끌어오지는 말아야 한다.

그럼에도 내가 느끼는 감정이 시원하지 않다면 진솔하게 대화해보길 권한다. 그 사람이 인정을 하든, 기분이 나쁘든, 화가 났든 이제는 그 사람의 일일 뿐이다. 상대가 화를 낸다고 해서 같이 화낼 필요도 없고 거기에 휘둘리거나 억눌릴 필요도 없다. 성숙한 감정 조절로 쓸데없는 감정소모를 줄이고 누군가를 미워하는 마음으로 죄책감을 느끼지 말자.

2장

**더 이상 착하게만
살면 안 되는 이유**

어쩌다 거절하지 못하게 된 걸까?

애착 성향이 불안정한 사람은 성인이 되어서도
타인과의 친밀한 관계를 어색해하거나 몹시 불편해한다.

직장인 A 씨. 그는 이런 저런 이유로 주말마다 직장 동료를 대신해서 출근을 하고 있다. 누군가가 당직을 서야 할 때면 동료들은 그에게 "주말에 만날 사람도 없잖아. 쉬면 뭐해, 사무실 나와서 돈 벌면 되겠네."라며 노골적으로 당직을 A 씨에게 미뤘다. 처음에는 별생각 없이 알겠다고 대답을 했지만 잦아지는 요청으로 A 씨도 쉬고 싶은 마음이 생겼다. 그러나 이제 와서 말하면 동료들에게 속 좁은 사람처럼 보일까 혹은 자신에게 비난할까 걱정되어 결국은 말하지 못하고 당직을 계속 이어갔다.

죽마고우인 B 양과 C 양. 친한 사이인 만큼 가끔은 난감할 때도 있다. 바로 B 양의 친하다는 전제로 쏟아지는 막무가내 부탁 때문이다. 예를들어 "나 10만 원만 빌려줄 수 있어? 내가 꼭 갚을게."라는 말 뿐, 앞뒤 상황 설명 없이 무조건 해달라는 식이다. C 양은 친한 친구, 오래된 친구라는 이유만으로 돈을 빌려주고 싶지 않지만 B 양의 부탁을 거절했을 때 친구 사이가 멀어지는 것이 두려워 마지못해 빌려주었다.

D 씨는 자신의 학교생활, 친구관계 등 모든 것을 사사건건 참견하는 엄마 때문에 고민이 많다. 성인된 후에도 여전히 자신을 어린 아이처럼 대해서 난처한 적이 한 두 번이 아니다. 엄마에게 "이제는 성인이 되었고, 걱정되는 엄마의 마음도 잘 알지만 앞으로는 제가 스스로 할 수 있도록 믿어주셨으면 좋겠어요."라고 말하고 싶지만, 엄마가 상처를 받을까봐 또 불효를 저지르는 것 같아 이내 마음을 접고 만다.

직장 동료 사이, 친구 사이, 가족 사이에서 사람들은 상대방의 말에 왜 거절하지 못하는 것일까? 자기표현을 못하는 이유가 무

엇일까? 상대의 요청을 거절하지 못하는 것은 자기 의사표현을 하지 못하는 것에서 비롯된다. 자신의 감정을 표현하면 상대방의 기분을 상하는 것이 아닌지, 관계가 틀어지는 것이 아닌지, 상처를 주는 것이 아닌지 등 미묘하고 복잡한 생각이 끊임없이 떠오른다. 이러한 상황에서 자기희생을 선택해서 좋은 관계를 유지하지만 결국 부정적인 결과만 남게 된다. 당신의 지나친 헌신은 헌신짝으로 상처가 되어 돌아올 뿐이다.

"타인의 어떤 말과 행동에 당신이 상처받는지를 잘 들여다봐라. 그것은 당신이 어떤 사람인지를 알려줄 것이다."

스위스 심리학자이자 정신과 의사가 카를 구스타프 융이 한 말이다. 그의 말대로 자신이 어떤 사람인지 생각해보자. 내가 처음 이 글귀를 접했을 때 '왜 나는 예민하게 타인의 말에 상처를 받는가'에 대해 곰곰이 생각할 수 있었다. 그 전까지 나에게 '애써서 잘 해준 공은 사라지고 상처로만 되돌아오는 타인과의 관계'는 항상 풀지 못한 숙제였다.

무례한 사람들의 말을 매몰차게 거절하지 못하고, 가까운 사람들의 막말에 상처받아 밤새 잠을 이루지 못하는 날들이 허다했다.

나는 인간관계에서 다친 마음을 보듬기 보다는 그저 상처받은 순간을 피하기 위해 잊어버리는 식으로 억누르면서 내 마음이 말하는 경고를 무시했다. 이러한 감정을 억압할수록 차곡차곡 쌓여갔고 결국 내 마음에는 빨간 불이 켜졌다.

자신에게 해결되지 않고 반복되는 문제로 힘들어할 때에는 분명한 이유가 있다. 그러한 근본적인 문제 해결을 위해서 원인을 찾아야 한다. 작은 구멍에도 거대한 댐이 무너지듯이 마음에 있는 작은 상처라도 소홀히 대하지 말고, 틈틈이 자신의 감정을 살펴보자. 그리고 상처가 어디에서 비롯되었는지를 찾아보면 된다. 처음 그 감정을 느끼기 시작한 때로 거슬러 올라가면 상처에 대한 감정이 형성된 시초를 찾을 수 있다.

대인 관계가 늘 안정적이고 친밀하게 관계 형성이 잘 되는 사람들이 있는 반면에 늘 불안정하고 불편한 관계 형성으로 어려움을 호소하는 사람도 있다. 이러한 차이의 원인은 부모와의 관계에서 형성되는 애착 성향에서 볼 수 있다. 유아기 때 부모에게 충분한 사랑을 받지 못한 사람은 사랑의 결핍을 느끼고 좋지 않은 기억으로 남게 된다. 이런 사람들의 정서는 불안정하고 회피성 성향을 나타낸다. 유아기 때 형성되는 부모와의 관계는 평생 동안의 대인관계나 행동 패턴에 영향을 미친다.

애착 성향이 불안정한 사람은 성인이 되어서도 타인과의 친밀한 관계를 어색해하거나 몹시 불편해한다. 뿐만 아니라 편하게 타인과의 감정 교류를 하지 못해 자신의 속마음을 겉으로 드러내지 못한다. 더욱이 부모에게 무시당하거나 강요를 받으면서 자란 사람은 자신의 감정이나 의사를 표현하는 것이 매우 어려운 일이다. 표현을 잘 못 하기 때문에 친밀한 관계를 유지하기가 힘들다.

그리고 상대방이 자신을 어떻게 생각하는지에 대해 지나치게 신경을 쓰기 때문에 매사 조심스럽게 행동하고 이런 행동은 습관처럼 굳어진다. 그러다 보니 감정표현을 억누르게 되고 주변상황에 휩쓸리는 경우가 많다. 자기표현을 하기보다는 상대를 위한 배려라고 생각하고 자신의 속마음을 절대적으로 드러내지 않는다. 이러한 사람들은 우유부단한 특징을 가지고 있다. 주변에서는 맺고 끊는 것이 분명하지 않아 애매한 상황들이 벌어지기도 한다. 자신은 타인을 위한 배려라고 생각할지라도 객관적으로 볼 때에는 상대방에게 질질 끌려 다니는 모습이다.

내가 그랬다. 상대방에게 속마음을 전하는 것은 매우 불편한 일이었다. 타인에게 휩쓸리는 것이 아니라고 나의 감정을 속이며 거짓말을 했다. 그러다보니 대부분 사람들에게 착한 사람이 되었다. 또 누군가가 부탁을 하거나 궂은 일이 있으면 적극적으로 나서서 도왔다. 팀 프로젝트를 위해서 헌신적으로 나서서 척척 해냈고 늦게까지 일을 해도 싫은 소리 한 번 하지 않았다.

그러나 돌아서서 오늘도, 이번에도 거절하지 못하고 떠안은 나를 보며 스스로를 책망했다. 하지만 마음에 들지 않는 상황에서 자기를 비하하거나 질책하기 보다는 내면을 들여다보기 시작하면서 어디서부터 잘못되었는지 그 원인을 파악할 수 있었다.

자기표현, 의사표현, 감정표현을 숨기고 상대방을 실망시키지 않으려는 우유부단한 태도로 애매모호하게 행동하는 일은 자신의 삶의 주도권을 타인에게 주는 일과 같다.

우리는 누구에게나 자신의 삶을 지킬 권리가 주어진다. 거절은 자기표현, 의사표현, 감정표현으로 타인에게 '좋으면 좋다, 싫으면 싫다'라고 말하는 것이다. 자신의 표현을 상대에게 명확하게 전달했을 때 외부로부터 나의 관계와 삶을 지킬 수 있다.

우리는 상대방의 부탁을 모두 들어줄 필요는 없다. 태어날 때부터 거절을 잘하는 사람, 못하는 사람으로 나누어지지 않는다. 천성적으로 착한 성향을 가지고 있어도 주어진 환경에서 어떻게 대처를 하느냐에 따라 거절하는 사람이 될 수 있다.

의사표현을 좀 더 제대로 하고 싶다면 작은 것부터 자신의 의견을 밝히는 연습을 시작해보자. 친구와 식당에 갔을 때 메뉴 주문을 "아무거나"라고 하지 말고 정말 자신이 원하는 메뉴를 생각하고 주문하는 것이다. 또 친구와 만날 시간과 장소를 정할 때에도 "네가 편한 곳으로"라고 하지 말고 자신이 원하는 장소를 명확히 이야기해보자. 이렇게 작은 실천이 쌓이다 보면 자신의 감정에 충실하게 될 것이다.

혼자 잘해주고 상처받은 시간들

당신이 주변 사람들을 살뜰히 챙기면서 정작 자신에게는 소홀한 건,
자신을 주변의 것들로 채우며 살아가는 것에 익숙하기 때문이다.

"그래, 모든 사람들이 내 마음 같진 않겠지. 같을 순 없겠지만 그
래도…."

어느 순간부터 내가 입버릇처럼 많이 하는 말 중 하나였다. 누
구보다 내 마음을 내가 잘 아는 법이니 이 말은 사람들에게 덜 상
처받기 위해 스스로 위안 삼아 하는 말이었다. 나는 사람들을 참
많이 좋아한다. 한 사람이든 다수이든 한 번 친해지면 있는 것 없
는 것 다 퍼주는 성격이다. 나처럼 사람을 좋아하는 사람들을 보
면 대부분 혼자 잘해주고서는 자신이 예상했던 반응과 다를 때에

상처받았다고 말한다. 그들은 상대를 좋아하는 만큼 이미 머릿속에 계획들이 다 정해져 있다. 흔히 '답정너'(답은 정해져 있으니 너는 대답만 하면 돼란 신조어)이다. 상대로부터 자신이 원하는 반응이 나오길 기대한다. 그러다 예상 밖의 말을 들으면 금세 기분이 가라앉고 우울해지고 만다. 자신이 생각했던 그 대답이 아닌 것이다. '나는 정말 잘해줬는데 왜 상대방은 나와 같진 않을까?'라는 생각에 쉽게 빠지고 상대를 원망하며 그로 인해 상처를 받았다고 생각한다.

　몇 년 전 직장 생활을 하면서 있었던 일이다. 직장인들 대부분 그렇듯이 점심 식비가 은근히 신경 쓰인다. 당시 나를 포함한 우리 회사 직원들 사이에서도 점심 식비를 조금이나마 줄이기 위해 도시락파와 외식파로 나뉘어 서로 의견을 나눴다. 그리고 최종적으로 다수의 의견을 모아 도시락을 챙겨 와서 점심을 먹는 것으로 결론이 났다.

　그런데 우리 팀의 선배가 왜 귀찮게 도시락을 챙겨 오냐며 우리 팀은 그냥 사먹자고 했다. 매일 도시락의 반찬을 걱정하는 것이 귀찮다는 것이었다. 선배의 강력한 주장에 팀원들이 눈치를 보는 듯했다. 그래서 내가 선배에게 "그럼 제가 선배 몫까지 챙겨올게요."라고 제안했다. 실은 외식을 좋아하지 않았던 나는 선배의 반대 의견 때문에 외식으로 바뀌는 것이 싫어 매일 아침 내 도시락에서 1인분 더 챙기자는 생각으로 선뜻 제안을 한 것이었다.

그리고 매일 아침 나는 선배 도시락과 내 것까지 2인분을 챙겨갔다. 이런 나를 다들 신기한 눈빛으로 바라봤다. 모두가 나에게 귀찮지 않느냐고 했다. 그럴 때마다 나는 내 반찬을 2배로 싸오는 것뿐이라 괜찮다고 했다. 시간이 흘러 도시락이 익숙해질 때쯤 "이거 말고 다른 반찬 없어?", "맛있는 반찬 좀 해오지."라며 선배의 반찬 투정이 시작되었다. 나는 그 말을 듣는 순간 당황스러웠고 민망함에 무안하기까지 했다. 선배의 반찬 투정이 잦아지자 도시락을 챙겨가는 일이 부담스러워졌다. 점심 반찬이 계속 신경 쓰이고 무엇을 챙겨야 할지 스트레스가 되었다.

내가 좋아서 시작한 일인데도 상대로부터 핀잔을 들으니 처음에 가졌던 마음은 온데간데없이 '내가 왜 선배 도시락까지 싸온다고 했을까?' 하는 후회가 밀려오고 속상함만 가득했다. '좋은 게 좋은 거지'라고 대수롭지 않게 생각했던 것이 내게 상처가 되었다. 끝까지 책임지지 못할 행동은 좋은 것이 아니라 나쁜 것이었다.

당신은 주변 사람들을 신경 쓰고 챙기느라 정작 자신에게는 소홀하다. 그 조차도 모르고 오로지 가족, 지인, 친구들을 위해 헌신하며 노력한다. 자신의 존재를 잊고 주변의 것들로 채워 살아가는 것에 익숙하기 때문이다. 친구들 사이에도 마찬가지다. 상대가 바라지도 않은 일을 혼자 해놓고선 알아주길 바란다.

나는 항상 노느라 바쁜 친구를 위해 과제가 무엇인지부터 해결 방법까지 모두 알려주곤 했다. 나에게도 버거운 과제를 두고 괜찮다며 친구를 더 챙기며 배려했다. 이런 일들이 잦아질수록 친구가 내게 고마워하는 마음을 느낄 수가 없었다. 에둘러 친구에게 서운한 마음을 비쳤더니 도리어 친구는 조금 황당하다는 눈치였다.

그렇다. 친구는 내게 도움을 요청한 적이 없다. 내가 스스로 자처해서 도와준 것일 뿐이다. 이처럼 좋은 마음에서 시작된 행동은 자신도 모르게 상대가 알아주길 바란다. 그러다 생각했던 반응이 아니면 토라지기까지 한다. 심지어 '우리 사이가 이것밖에 안 돼?'라며 그 사람과의 관계를 의심한다.

인간관계에서 어느 한쪽만 일방적으로 '주기만' 하는 것은 균형을 잃게 되고 상실감만 가져다 준다. 돌이켜 생각해보면 나는 일방적으로 내 감정에만 충실하고 혼자 과도하게 기대하고 섭섭했던 경우가 많았다. 문제가 내게 있다는 것을 알기까지는 꽤 오랜 시간이 걸렸다.

세상에 많은 사람들은 다양한 이유로 상대방으로부터 상처를 받는다고 말한다. 대부분 고의적으로 상처를 주어서 문제가 되는 것이 아니다. 우리가 상처받았다고 하는 이유는 그와 나 사이에서의 거리 조절에 실패했기 때문이다.

사람마다 다양한 생각과 가치관을 가지고 있다는 것을 알면서도 자신과 생각이 똑같기를 바란다. 이제는 상대에 대한 기대심리와 욕구를 내려두고 적당한 거리에서 관계를 바라보는 연습을 해야 한다.

식물도 일정한 간격으로 떨어져 있지 않으면 서로 뒤엉키기 마련이다. 붙어 있다고 해서 꼭 좋은 것만은 아니다. 친밀할수록 간섭한다. 일방적으로 자신의 감정을 충실하면서 상대방이 알아주길 바라는 마음은 오히려 관계를 망칠 뿐이다. 서로가 잘되라고 발전하기 위해서는 어느 정도의 간격으로 떨어져 있어야 각자의 몫을 다하면서 성장해나간다. 모든 생명에 간격이 필요하듯이 사람 사이에도 적당한 거리가 필요하고 그것을 유지하며 관계를 지켜나가야 한다.

　서로를 이해할 수 있는 거리, 소유하지 않는 거리, 신뢰할 수 있는 거리, 존중할 수 있는 거리를 두어보자. 일정한 거리는 서로를 바라볼 수 있게 하고 관계를 더욱 애틋하게, 소중하게 생각하며 작은 부분을 크게 지켜내는 관계를 선물한다. 거리를 둔다는 것은 상대방과 나와의 관계를 서로 존중한다는 것을 의미한다.

　존중은 서로 같을 수 없음을 즉, 각자 다르다는 것을 인정하는 것이다. 서로 다름을 인정할 때 무거운 마음을 내려둘 수 있고 상대방에 대한 기대심리를 줄일 수 있다. 그럼 더 이상 자신이 좋아서 한 일도 감정에 따라 휘둘리지 않게 된다.

　혼자 상처받았다고 관계를 단절시킬 필요도 없고 상대방을 미워할 필요도 없다. 자신이 마음을 다해 잘해주었는데 원하는 반응이 없어도 나와 마음이 같을 수 없다는 것을 받아들인다면 당신이 혼자 상처받았다는 생각은 줄어들고 그 사람과 함께 오랫동안 관계 유지할 수 있게 된다.

　자신이 잘해준다는 그 기준이 어디로 향해있는지, 왜 상대방에게 과한 친절을 베푸는 것인지에 대해 곰곰이 생각해보길 바란다.

그리고 기브 앤드 테이크(Give and take)가 아닌 자신이 그저 줌으로써 타인의 반응에 상처받지 않을 행복한 당신만의 경계선을 만들어 보자. 이 경계선은 당신의 마음이 흔들림 없이 단단하기 위함이다. 소심하고 예민하게 반응이 일어나도 당신만의 행복한 기준이 있다면 상대방을 탓할 것 없이 상황을 인정하는 것만으로도 혼자 상처받았다는 감정을 누그러뜨릴 수 있다.

그렇다고 혼자 잘해주었던 시간까지 보잘 것 없다고 생각할 필요 없다. 그 시간을 통해 당신은 일방적이지만 순수한 당신의 감정을 조절하고, 관계에서 적당한 거리가 필요하다는 것을 깨달았으니 충분하다. 사람 사이에서 적당한 거리는 너무 가깝지도 멀지도 않을 때 오랜 관계를 유지할 수 있다는 것을 잊지 말자.

서운한 마음은 나만 기억한다

자기 마음의 소리에 집중하고 그 마음 그대로 상대에게 전달하자.
서운한 마음을 전달했다고 상대는 당신을 비난하지 않는다.

L 양은 중학교 동창인 친구 2명과 첫 여행을 떠났다. 그녀들은 첫

여행지를 부산으로 정했다. 친구들과 L 양은 들뜬 마음으로 부산으로

출발했다. 공항 근처에 도착해서 그녀들은 차를 인수했고 드라이브

를 하면서 마음껏 여유를 부렸다. 중학교 졸업 후 처음으로 모인 3인

방은 2박 3일 여정 동안 행복을 만끽하고 사진을 찍으며 새로운 추억

을 만들어가기로 했다.

하지만 기쁨도 잠시 서로 간의 의사소통이 원활하게 이뤄지지 않

아 각자 불만 아닌 불만이 생겨났다. L 양은 동행 중 J 양에게 여행을

제안했을 때 그녀는 흔쾌히 수락했고, 긍정적인 반응을 보였다. 그래서 당연히 여행지에서도 적극적으로 참여하고 즐거워할 것이라고 생각했다. 그러나 막상 여행을 준비하는 과정에서 J 양의 반응은 시큰둥했다. 어디가 가고 싶은지, 무엇이 먹고 싶은지 등 함께 상의를 하면 알아서 정하라는 식이었다. 결국 L 양은 다른 친구인 H 양과 주도적으로 일정을 계획했고, 여행지에서도 그러했다.

J 양에게 "여기 어때?", "우리 이거 먹을까?"라고 의견을 물었지만 "응, 좋아."라는 대답만 했다. 느낌이지만 J 양 역시 무언가 마음에 들지 않는 눈치였다. 여행 기간 동안 알 수 없는 미묘한 감정들이 서로를 불편하게 했지만 그녀들은 무사히 여행 일정을 마무리했다.

사소한 감정이지만 L 양은 여행 내내 J 양이 신경 쓰여 찜찜한 마음이었다. 여행에서 돌아온 후 L 양은 J 양을 만날 기회가 있었고 여행 동안 느꼈던 감정에 대해 조심스레 전달하기로 했다. "나 사실 할 말이 있는데…."라고 운을 띄우자 J 양은 무엇이냐며 말해보라고 했다. "지난 번 여행은 어땠어? 네가 불편하게 느끼는 것 같더라고…."라며 그때 느꼈던 감정을 그대로 전달했다. L 양의 말을 들은 J 양은 "나름 괜찮았어. 단지 난 함께 일정 계획을 하고 싶었지만 너희가 알아서 계획을 정하는 것 같아서 내가 말할 수가 없었어."라고 그녀 역시 자신의 감정을 전했다. 서로의 감정을 이야기해보니 J 양 또한 섭섭한 감정이 있었고 사소한 것으로 서로를 오해하고 있었던 것이다. 그녀들은 허심탄회하게 감정을 털어놓으면서 오해하고 있었던 부분을 정리할 수 있었다.

처음에는 자신의 서운한 감정이든 무엇이든 상대방에게 말할까 말까 망설인다. 당신은 말하지 못하고 마음에 담아둘수록 소심해지고 예민해진다. 그리고 그런 자신의 모습에 자존감마저 떨어진다. 그럴수록 당신은 서운했던 감정을 상대방에게 솔직하게 전달함으로 오히려 불편했던 감정으로부터 해방될 수 있어야 한다. 감정이라는 것은 눈에 보이지 않는다. 즉 말하지 않으면 그 누구도 알 수 없다. 그저 알아주길 바라겠지만 어디까지나 일방적인 당신의 바람일 뿐이다.

주말에도 바쁘게 일하는 H 양과 D 군. 이 두 사람은 직장 동료이자 사내 커플이기도 하다. 회사에서 주요 업무와 관심 분야 등 생활이 비슷해서 급속도로 가까워졌다.

그러나 서로를 알아가는 단계에서 종종 의견이 맞지 않아 부딪히기 시작했다. 각자 살아온 세월이 달랐고 의사소통에서 사소하고 작은 문제들이 발생했다. 말다툼을 하는 날도 있었다. 갈등은 두 사람이 서로의 언어를 이해하지 못해 서툴렀던 행동들에서 비롯되었다.

H 양은 가끔 남자친구로부터 위로나 공감을 받지 못 하는 것이 서운했고, D 군은 잘 챙겨주는데도 서운하다고만 하는 여자 친구를 이해할 수 없었다.

H 양은 입사한 지 얼마 되지 않아 업무가 서툴렀다. 그녀는 일하는 속도마저 느려서 일거리가 줄어들지 않는 기분이었다. 반면에 선임이었던 D 군은 업무 면에서 능수능란하여 여유로워 보였다. 그녀는 내심 그가 말하지 않아도 알아서 도와주길 바랐지만 그는 그럴 마음이 없는 듯했다.

참다 못해 그녀가 일이 잘 되지 않는다고 그에게 하소연을 하면 그는 오히려 일손이 느린 그녀를 이해할 수 없다는 말을 하곤 했다. 그녀는 그에게서 '도와줄 것 없느냐' 말 한 마디가 듣고 싶었는데 마음을 알아주지 못하는 그에게 서운한 감정이 들었다.

그러던 중 그와 그녀는 서로에 대해 속 시원하게 이야기를 나눌 기회가 생겼다. 두 사람은 대화를 통해 서로 생각하는 관점이 다르다는 것을 알게 되었다. 그러다 보니 서로가 원하는 것 또한 달랐던 것이다. 그녀는 자신이 도움을 자주 요청하는 것을 그가 이해해주지 않았다고 생각했지만, 정작 그의 마음은 그녀가 혼자서도 일할 수 있는 능력을 길러야 한다고 생각하고 있었다. 그에게서 그녀를 생각하는 마음을 알 수 있었지만 그녀는 그에게 해결보단 공감하고 이해해주길 바란다고 자신의 마음을 전했다.

서운한 감정이 들 때면 일단 그 감정을 인정해야 한다. 그런 후에 자기중심으로 마음의 소리를 들어보자. 물론 상대방의 입장도 중요하지만 자신의 감정이 우선이다. 자기 마음의 소리에 집중하고 그 마음 그대로 상대에게 전달하면 된다. '너의 마음은 잘 알겠지만 지금 나에게는 그 말이 조금 서운하게 들려.'라고 운을 떼고 자신의 감정을 설명해주면 된다. 상대는 서운한 마음을 전달했다고 당신을 비난하지 않는다.

오히려 상대의 입장을 이해하려고 자신의 마음을 숨기며 '나를 위해서 한 것이겠지. 이유가 있겠지.'라고 타인 중심으로 생각하면 겉으로는 괜찮은 척 말하지만 속으로는 찝찝한 마음을 갖게 된다. 불편한 마음이 들수록 자기 우선으로 생각해서 의사표현을 한다면 마음고생 하는 일은 없을 것이다.

자신의 마음을 상대에게 솔직하게 표현했더라도 서운한 마음이 계속 남아 있는 경우도 있다. 그것은 상대가 자신의 알아주길 바라는 마음이 자리 잡혀 있기 때문이다. 타인에게 바라는 것이 없으면 실망도 없는 법이다. 그리고 기대가 없기 때문에 상처 받을 일도 없다. 만약 상대에게 바람이 있다면 정확하게 원하는 바를 전달하자. 이해와 배려, 감정상태, 따뜻한 말 한마디도 상관없다. 자신이 원하는 것이라면 그 무엇이라도 좋다.

말하지 않으면 상대는 알 수가 없다. 당신이 상처를 받은 사실조차 모른다. 차라리 서운한 감정이 들 것 같으면 미리 자신이 원하는 것을 말하는 것이 현명한 방법이다. 말한다고 해서 관계가 망가지지 않는다. 오히려 타인에게 기대하고 서운해하기만을 반복하면 관계만 상할 뿐이다. 현명하게 판단해서 더 나은 관계를 유지하며 발전해 나가면 된다.

서운한 감정은 마음에서 쉽게 일어나는 감정 중 하나이다. 생각의 관점이 달라 서운하거나 상대가 알아주길 바라는 마음에서 생겨난다. 혹은 타이밍이 어긋나 오해에서 생기거나 변덕스러운 마음에서 일어난 감정일 수도 있으며 자신의 상황에 의해 서운한 감정이 증폭되는 경우도 있다.

우리는 많은 감정을 느끼면서 살아간다. 어떤 것에는 스쳐가는 감정이 있는가 하면, 또 어떤 감정은 우리를 한동안 힘들게 하기도 한다. 어떠한 이유에서 서운한 마음이 들 때면 상대에게 즉각 표현을 해보길 바란다. 상대의 의도와 상관없이 자신이 어떻게 느꼈는지 그 감정을 부정하지 말고 그대로 느껴보자. 당신의 마음에서 정리된 감정을 상대에게 전달한다면 충분히 서운한 감정에서 벗어날 수 있다.

거절이 두려운 당신에게

 자신만의 확고한 기준이 없으면 당신은 거절할 상황뿐만 아니라
모든 일에서 타인에게 휘둘리고 만다.

"제가 거절을 못해서 정말 손해 많이 보고 살았거든요."

대부분 사람들은 다른 사람들의 부탁을 거절하는 것이 쉽지 않
다고 고민을 토로한다. 거절을 놓고 자신이 '소심한 성격이 문제
일까?', '그저 거절하기가 어려운 걸까?'라며 끊임없이 거절하지
못하는 이유만 생각할 뿐이다. 그들은 상대의 부탁을 세련되게 거
절하고 싶지만 정작 거절의 두려움으로 '노'라고 말하지 못한다.
왜 그들은 거절하는 것을 두려워하는 것일까?

거절이 두려운 이유는 거절 그 자체가 아니라 거절한 이후에 일

어날 일들을 생각하기 때문이다. 어쩌면 일어나지 않을 일을 미리 걱정함으로써 두려움을 만들어낸다. 비생산적인 행동으로 두려움을 증가시키지 말고 극복하는 것에 집중해야 한다. 막연한 두려움을 극복하지 못하면 불안과 공포로 평생 거절을 하지 못할 수도 있다.

현대 사회에서는 누군가의 요청을 거절은커녕 자기 의견조차 말하지 못하는 사람이 너무나도 많다. 반대로 상대방에게 거절당하는 것을 두려워하는 사람들도 많다. 타인의 요청에 자연스럽게 자기 표현하는 것이 어렵거나 혹은 다른 사람들에게 거절당하는 것을 두려워하는 사람을 심리학에서는 '거절 공포증'이라고 한다.

거절 공포증처럼 거절이 부정적인 의미로 인식되는 이유는 그 행위가 상대의 가치를 부정하는 것이라고 여기기 때문이다.

나 또한 이 같은 이유로 거절을 두려워했다. 거절을 하는 것도, 당하는 것도 누군가의 마음에 상처 주는 일이라고 여겼다. 다른 사람의 마음에 상처를 주지 않으려고 했던 행동들이 그동안 살아오면서 거절하지 못하게 했다.

거절이 두렵고 불안하거나 초조하게 느끼는 사람들의 유형을 살펴보면 대부분 타인의 감정을 섬세하게 신경 쓰며 그에 대한 반응을 보인다. 이런 사람들은 남의 말을 잘 경청하기 때문에 상대방의 입장을 잘 이해하고 공감한다. 주변 사람들 반응에 예민한 것 역시 타인의 감정을 잘 헤아리는 것이기도 하다.

이러한 점은 장점이 되기도 하지만 지나친 탓에 모든 부탁을 거절하지 못해 지친다면 이 또한 문제가 있는 것이 분명하다. 사람마다 다양하게 자신만의 가치관을 지니고 있지만, 거절의 의미를 어떤 관점으로 바라보느냐에 따라 두 분류의 사람으로 나뉜다.

첫째, 타인에게 거절을 당하고도 개의치 않고 오히려 상대를 이해하는 사람이다. 상대가 부탁을 거절해도 '뭐 어때. 그럴 수도 있지.'라고 생각하고 예민하게 받아들이지도 않고 수락하지 못하는 상대의 입장을 이해한다. 이런 사람들은 상대의 거절은 그저 자신의 의사를 표현하는 것이라고 말한다.

둘째, 거절을 당하면 상대를 비난하고 원망하는 사람이다. 이러한 사람들은 상대로부터 자신의 존재를 거절당한다고 여기기 때문에 마음속에 깊은 상처를 받는다. 상대의 상황이나 입장을 고려하지 않고 자신의 모든 것을 부정했다고 생각하며 단정 짓는다.

이처럼 거절 민감성에 낮은 사람보다 높은 사람이 대인 관계에 있어 문제가 나타난다. 주변 사람에게 거절당하지 않을까 두려워하고 거절당했을 때의 모습을 미리 떠올리며 괴로워한다.

그러나 실상은 그렇지 않다. 생각한 것처럼 상처를 받지 않는다. 거절한다고 해서 소외되는 것도 아니고 거절하지 않는다고 해서 늘 함께 하는 것도 아니다. 오히려 문제는 제대로 거절하지 못하고 요청을 100% 가까이 들어주려 할 때 발생한다.

사람들은 거절을 어떻게 경험하느냐에 따라 생각하는 관점이 모두 다르다. 거절은 자신의 마음속에서 불편함이 느껴지거나 무리한 요청에 대한 자신의 의견을 표현하는 것이다. 그런데 거절에 대한 상처가 두려워 아무런 시도를 하지 않는다면 우리는 많은 기회로부터 멀어지게 된다. 거절은 계속 피해봐야 소용이 없다. 거절에 대한 두려움도 직접 마주해야 해결될 일이다.

우리는 두려움을 직면하고 거절을 시도해야 한다. 거절하면 상대에게 상처를 줄까봐, 관계가 나빠질까봐 대부분 혼자서 미리 부정적으로 생각한다. 과거에 부정적인 거절의 경험이 있다면 이런 상상을 더욱 확신한다.

거절의 두려움을 이겨내려면 기존에 인식된 사고방식부터 바꿔보자. 실패는 누구나 할 수 있다. 한 번의 거절 실패로 단정 짓고 포기한다면 근본적인 문제를 해결할 수 없다.

차라리 실패했던 기억 대신 성공적으로 거절했던 경험을 떠올리고, 만약 성공적인 경험이 없다면 부정적으로 생각하는 대신에 긍정적으로 거절을 성공할 자신의 모습을 생각하며 두려움을 극복해나가면 된다.

그리고 반대의 경우 최악의 시나리오 구상으로 당신이 거절했을 때의 상황을 가정해보자. 물론 긍정적인 반응이 나올 수도 있다. 긍정적인 반응일 때 당신은 안도를 하지만 대부분 부정적인 생각으로 거절이 두려운 것이다. 그러니 당신이 거절할 때 일어날 최악의 상황을 그려보면서 담담하게 느껴보자. 간접 경험만으로도 실제 경험했을 때에는 두려움을 감소시킬 수 있다.

거절은 모든 사람에게 어려운 일이자 양쪽 사람들에게 부정적인 감정을 준다. 그러나 거절 없이는 진정한 관계가 형성되기 어렵다. 거절이 긍정적인 관계를 저해시키는 것도 사실이다. 그렇다고 해서 관계를 망칠까봐 거절이 두려울수록 관계에서 움츠려 들지 말고 당신이 진정 원하는 관계 모습을 분명하게 인식하길 바란다. 자신만의 확고한 기준이 없으면 당신은 거절할 상황뿐만 아니라 모든 일에서 타인에게 휘둘리고 만다.

살아가다보면 상처를 받게 되는 상황은 늘 발생한다. 상처를 주는 입장이든 받는 입장이든 관계에서 아무도 상처받지 않는 관계가 존재하기란 불가능하다.

이러한 상처를 받는 것이 두려워 자신의 감정을 숨기고 피하기만 한다면 올바른 대인관계를 맺을 수 없고 두려움은 더 큰 고통을 낳게 한다. 거절의 두려움을 외면하기만 한다면 당신은 아무것도 할 수 없고 그 좌절감으로 또 다른 상처를 받을 것이다.

두려움을 느끼는 것은 지극히 정상이다. 과거의 실패를 곱씹으며 이를 교훈삼아 다시 경험하지 않도록 노력해야 한다. 과거에 경험은 이미 끝난 일이다. 당신의 마음과 기억에서도 끝내야 한다. 실패에 대해 말하고 생각하는 것을 중지하자. 긍정적인 생각을 하며 기억을 전환시켜야 한다. 때로는 과거의 실패가 당신의 인생에서 꼭 이겨내야 할 문제임을 인지하자.

당신의 인생이 무기력한 이유

자기 목소리를 내어도 받아들여지지 않으면
변화 의지를 접거나 중지하는 것이 바로 학습된 무기력이다.

H 양은 착한 사람 콤플렉스가 있다. 모든 사람에게 좋은 사람이 되고 싶어 한다. 그녀는 무엇을 하든 자신의 의견을 내기 보다는 다른 사람의 의견에 따른다. 그래서 회사에서 상대방 의견에 맞추는 사람이 되었다. 하지만 그녀는 친구들을 만나면 하소연하기 바쁘다.

그녀의 팀장은 팀원들이 올린 결재 서류를 제대로 보지 않고 트집부터 잡는다고 한다. 사인을 해주지 않는 것은 기본이다. 그뿐만 아니라 팀장이 해야 할 일을 떠넘기는 업무량도 만만치 않았다. 그것도 모자라 H 양은 팀장의 잔소리와 넋두리까지 들어야 했다. 부당한 상황임에도 그녀는 상사라는 이유로 말 한마디 하지 못한 채 모든 일을 이행했다.

   H 양뿐만 아니라 대부분 사람들은 권력 앞에서 좌절하고 아무 것도 할 수 없다는 듯이 '내가 말해봤자 받아들여지지도 않을 건 데…', '상사가 말하는데 별 수 있어? 그냥 시키는 대로 해야지.'라 며 반복되는 상황을 체념하고 무기력하게 직장 생활을 하고 있다.

   우리는 평생 권력에 의해, 강요에 의해 무기력함을 받아들이며 살아가야만 할까? 무기력함을 벗어나기 위한 방법이 없을까?

   당신의 삶을 무기력으로 인해 굴복당하지 말아야 한다. 타인의 말이나 행동에 나는 당연히 할 수 없다는 생각으로 일찌감치 포기 하는 것이 아니라 상황에 맞게 개선하려는 의지를 앞세워야 한다.

   H 양도 자의반 타의반으로 자신의 의사를 묵인시켜버렸지만 근 본적으로 어쩔 수 없다는 무기력함에서 깨어나야 했다. 그래서 나 는 다음의 세 가지 방법을 그녀에게 제시했다. 이는 학습된 무기 력을 극복하고, 앞으로는 무기력 앞에 굴복당하지 않도록 하는데 가장 효과적인 방법이다.

첫째, 일어나는 상황에 맞춰 자신의 감정이나 의사를 정당화시키지 말아야 한다. 상대가 한 말과 행동에 이유가 있다고 이해하는 것은 좋지만 정당화 될 수는 없다. '상대방이 준 상처를 상황 때문에 어쩔 수 없다'고 합리화시켜야만 당신이 받는 상처를 줄일 수 있을 것이다. 하지만 합리화는 일시적으로 상황을 가라앉히고 근원을 회피하는 것 뿐이다.

둘째, 자신이 두려워하는 원인을 파악하고 마주해야 한다. 근본적인 원인을 모르면 시간이 흘러서도 혹은 노력하더라도 비슷한 상황이 일어나면 치유받지 못한 상처들로 나약해질 수밖에 없다. 문제의 원인을 파악하는 것만으로도 무기력증에 벗어날 수 있다.

마지막으로 자신에게 주문을 걸어라. 상처받았던 일이나 실패의 경험으로 좌절감에 빠져들 때면 자기암시를 해보는 것이다. '나는 강한 사람이야. 약점이나 상처는 더 이상 내게 아무 영향력이 없다.'라고 자신이 원하는 모습으로 자기암시를 주기적으로 해보는 것이다. 그리고 실제로 자신이 얼마나 문제 해결을 했고 발전해왔는지를 떠올리면 어느새 자존감이 올라간 자신을 만나게 될 것이다.

 H 양은 자신만의 방식으로 이를 습득한 후 직장 상사에게 의사표현을 했다. 처음에는 회사 생활에서 불이익을 받을 수 있겠다는 걱정 반, 두려움 반으로 시도할 수 없었다고 한다. 하지만 직장생활을 하기 위해서는 해결해야 할 문제라고 판단하고 눈을 질끈 감고 시도했더니 의외로 상사의 반응이 좋았다. 솔직하게 자신이 처한 상황을 진심을 담아서 말한 결과, 상사가 자신의 잘못을 인정하고 원만한 관계를 이어나갈 수 있었다고 한다.

 몇 번 시도해도 결과가 보이지 않거나, 자기 목소리를 내어도 받아들여지지 않으면 변화 의지를 접거나 중지하는 것은 학습된 무기력에서 비롯된다. '학습된'것은 후천적으로 만들어진 것이기에 새로운 학습을 통해서 무기력을 극복할 수 있다.
 우리는 또 다른 교육을 통해서 새로운 변화를 시도해야 한다. 이럴까 저럴까 끊임없이 고민만 하고 의사표현을 하지 않았던 사람이 마음속에 있는 진실을 말하려고 시도할 때 변화는 시작된다. 주변 사람들이나 권위에 순응하는 습관을 버리고 개인의 독립된 존재로 인식하고 자신의 마음속 진실을 전달하길 바란다. 무기력으로부터 당신을 보호하고 당당하게 당신이 바라는 모습으로 변화되는 삶을 살아가게 될 것이다.

거절을 못하는 것만큼 미련한 일도 없다

당신의 내면은 늘 당신이 먼저 행복해야 되고
'나'로 채워져 있어야 한다.

D 씨의 주요 업무 중에는 팀 단위로 진행되는 프로젝트가 많았다. 각자 맡은 업무가 뚜렷하게 구분되어 있었지만, 사실상 서로 협력하는 일이 많다보니 구분 없이 하는 일이 더 많았다. 그래서 일을 할 때면 애매모호해지는 상황들이 종종 일어나곤 했다. D 씨의 동료 E 씨는 본인이 직접 할 수 있는 일임에도 D 씨에게 지시를 내렸다. E 씨는 마치 아랫사람 부리듯이 말을 하곤 했다. D 씨는 한 두어 번은 급한 상황인가보다 하고 당황스러웠지만 이해하고 넘어갔다. 그러나 상황은 나아지지 않았고 이러한 일들이 반복이 되었다. D 씨는 '이건

뭐지? 내가 우습게 보이나?'라는 생각이 들었지만 직장 생활에서 괜히 자신의 감정을 보였다간 관계만 서먹해질까봐 그저 참으면서 동료의 일까지 대신했다.

N 양은 대학시절 친한 선배로부터 특이한 제안을 받았다. 바로 자신의 계절학기 수업을 대신 수강해 달라는 것이다. N 양은 선배가 대리 출석을 말하는 것이라고 생각하고 재차 확인하니 대리 출석이 아닌 대리 수강이었다. 이건 말도 안 되는 일이었고 범죄와도 같은 일이라고 생각했다. 이러한 제안이 너무나 황당하고 당황스러운 나머지 재빨리 안 된다고 말을 하지 못하고 얼버무리고 말았다. 그러는 동안 선배는 자신의 상황을 장황하게 늘어뜨리며 N 양에게 말할 틈을 주지 않았다.

결국 N 양은 선배의 제안을 거절하지 못하고 대신해서 수업을 수강을 하고 말았다. 출석을 부를 때면 조마조마 마음을 졸이며 2주 동안 선배인 척 해야만 했다. 후배는 수업 듣는 것도 모자라 옵션으로 과제까지 해야만 했다. N 양은 그런 자신의 모습을 보고 있노라면 기가 찰 노릇이었다. 천만다행이도 아무 일 없이 2주라는 시간이 흘렀고 시험을 통과하며 대리 수업을 무사히 마칠 수 있었다. 그렇게 생고생을 한 N 양에게 선배는 고맙다는 말뿐이었다. 2주 동안 마음 졸이며 자신의 시간을 사용한 보상이 "고마워."라는 한 마디라니 너무나도 허무했다. 그럼에도 N 양은 선배에게 아무 말을 하지 못했다. 학교 선배와 불편한 사이가 되고 싶지 않아 자신의 서운한 마음을 표현하지 않았다.

직장인 D 씨와 대학생 N 양의 공통점은 자신의 마음속 말을 숨기고 묵인시켰다는 것이다. 그것은 인간관계에 대한 두려움 때문이다. 상대의 제안을 거절했을 때 그 후에 받게 될 평가나 비난이 두려운 것이다. 그 두려움 때문에 자신을 지켜야 할 권리마저 내어주는 것이다. 그건 자신을 삶을 조금씩 갉아먹는 행위와도 같다.

그저 관계가 어긋나는 것이 두렵다고 타인의 편의를 모두 봐준다는 것은 참으로 어리석은 짓이다. 당신이 상대의 요청을 모두 수락할 필요도 없고 꼭 해야 할 마땅한 이유도 없다. 당신의 중요한 시간과 자원만 희생시키고 고마워할 줄 모르는 사람들을 위한 헛수고일 뿐이다.

만약 당신이 정말 도와주고 싶은 일이라면 먼저 남을 도울 만큼 자신에게 여유가 있는지 살펴보길 바란다. 시간적, 금전적, 심리적으로 여유가 된다면 상대를 도와줘도 상관없다. 그러나 입장이나 상황이 그렇지 않다면 당신은 정중하게 입장을 표명해야 한다. 자신의 모든 에너지를 쏟으며 남을 돕는 것은 이롭지 않은 일이기 때문이다.

뿐만 아니라 어느 선까지 자신이 도와야 하는 일인지, 자신이 감당할 수 있는 범위인지 분별해야 한다. 그 기준은 당신의 인간관계 범주가 될 수가 있다. 자세히는 그 사람과 가까운 사이인지 아닌지를 따져보면 알 수 있다. 당신에게 중요한 사람인지를 판단해보면 되는 일이다. 또 아무리 중요하고 가까운 사이라고 해도 일정한 거리를 유지해야 한다. 가깝다고 해서 자신이 심리적 스트레스를 받으며 부탁을 해결하지 않아도 된다.

만일 부탁 받은 일이 서로가 곤경에 빠지는 일이라면 더욱이 거절을 해야만 한다. 타인을 위한 희생과 배려가 미덕라고 하지만 자신의 삶을 위험에 빠뜨리면서까지 당신은 다른 사람을 도울 이유가 없다. 암묵적이고 습관적인 자기희생은 영원히 자신의 삶에서 선택권을 가지지 못할 것이다.

앞의 두 사람처럼 당신도 누군가에게 도움을 주고 되레 서운하거나 석연치 않다면 아래에 제시된 2가지 방법을 통해 당신이 느낀 감정을 있는 그대로 정리해서 상대방과 마주해보길 바란다.

첫째, 자신의 감정을 느껴보고 숨김없이 솔직하게 글로 써보자. 기분이 나쁘든 좋든 서운하든 느낀 그대로 작성해서 당신의 감정을 정리하는 것이다. '내가 무엇이 두려워 타인에게 말하지 못하는 것일까?'라는 문제 핵심을 적은 후 꼬리생각까지 쭉 나열하는 것이다. '괜한 말로 관계가 서먹해지는 것이 불편해서', '별 일도 아닌 것에 내가 속 좁은 사람으로 보일까봐' 등 정리를 함으로써 당신의 감정을 느껴보길 바란다.

둘째, 당신이 느낀 감정에 상대의 입장까지 고려하며 당당하게 마음을 전달해보자. 정리된 당신의 감정을 상대방에게 솔직하게 전달하는데 이때 자신의 감정 해소를 위한 일방적인 표현은 오히려 상대와 관계를 멀어지게 한다. 충분히 상대방도 이해하고 수용할 수 있는 범위 내에서 전달해보자.

"나는 너를 도와주기 위해서 내가 해야 할 일을 잠시 미루고 최선을 다해서 도왔는데 너의 무성의한 말과 행동에 기분이 상했어."라고 자신이 어떠한 상황에서 그러한 감정을 느꼈는지 설명하면서 상대에게 전달하는 것이다. 당신이 상대의 마음을 헤아려서 말하는 것은 상대방이 당신의 의도를 알아차릴 수 있도록 하는 것이다.

당신이 느낀 감정은 모두 옳은 것이다. 당신의 감정을 숨기지 않아도 된다. 내 감정의 주인은 바로 나다. 남의 눈치를 볼 필요가 없다. 당신의 내면에서 느끼는 감정에 정면으로 돌파해 솔직하게 말하고 부딪혀보자.

그 때 그 순간에 느낀 감정을 선택하면 당신에게 관계 개선, 합리적인 제안 등 더 많은 것들로 유리해질 수도 있다. 그저 참기만 한다고 해서 당신을 알아주지 않는다. 그건 스스로 당신의 인생을 손해 보도록 내버려두는 일이다. 자신의 인생을 어떻게 되든 말든 상관없다는 것이다.

당신의 내면은 늘 당신이 먼저 행복해야 되고 '나'로 채워져 있어야 한다. 그래야만이 다른 사람들에게 더 많은 것을 줄 수 있는 것이다. 가정 먼저 챙겨야 할 것은 타인이 아니라 자신이라는 것을 기억하자.

부모 자식 사이에도 거절이 필요하다

우리는 가까울수록 홀대하는 경향이 있다.
그 대표적인 예가 바로 가족 사이이다.

가족은 부모와 자식으로 이루어진 하나의 작은 공동체 사회이다. 자식은 부모와의 관계에서 사랑을 배우고 형제, 자매 사이에서 사회의 기초를 배운다. 이들 사이는 세상에서 더없이 가까운 관계이다. 하지만 가족이 아무리 허물없는 사이라지만 기본 질서를 허물어서는 안 된다. 가까운 사이일수록 예의를 지키고 존중하라는 말이 옛말이 있음에도 우리는 가까울수록 홀대하는 경향이 있다. 그 대표적인 예가 바로 가족 사이이다.

부모와 자식 사이, 즉 가족은 우리가 가장 사랑하는 사람들이기에 쉽게 부탁하지만 반대로 쉽게 거절할 수가 없다. 오랜 시간 혈연관계로 맺어지는 가족을 실망시키고 싶지 않기 때문이다.

대부분 자식들은 부모 덕분에 자신이 세상에 존재할 수 있었다는 사실 때문에 가족 간의 부탁을 도와주고 해결하는 것이 당연하다고 생각한다. 하지만 그러한 생각은 단편적인 사고일 뿐이다. 부모의 뜻을 따르는 것도 좋지만 지나치게 잦은 요구와 부탁은 거절을 할 수 있어야 한다. 우리는 누군가의 자식이기도 하지만 독립적인 존재라는 사실을 잊지 말아야 할 것이다.

서울이 고향인 나의 엄마는 대부분 친구 분들이 서울에 계신다. 그래서 친구 분들은 엄마를 보기 위해 한 번씩 엄마가 계신 지방으로 놀러 오신다. 그럴 때면 교통편 예약을 내게 부탁하신다. "엄마 친구 복희 아줌마가 다음 주쯤에 내려올 예정인데 교통편 좀 알아볼래?" 처음에는 인터넷 결제 방식이 익숙지 않으시니 예약과 결제를 도와드렸다. 하지만 이러한 부탁이 잦아지자 내가 왜 계속해서 이걸 해야 하는지 의문이 들었다.

물론 엄마가 부탁한 일은 잠깐 짬을 내서 쉽게 할 수 있는 일이다. 실은 그 일을 하고 안하는 것은 크게 문제가 되지 않았다. 내가 이해

되지 않는 부분은 엄마가 다른 사람들만 배려하고 정작 내 입장을 생각해주지 않는 것이었다. 내가 하지 않아도 엄마 친구 분께서 충분히 직접 하실 수도 있고 그 분의 자제 분도 할 수 있는 일인데 말이다.

엄마는 시간도 얼마 안 걸리는 일이니 나에게만 요청했다. 엄마 입장에서는 나의 입장이 이기적으로 생각될지 모르지만 이런 생각 차이는 서로를 이해하기란 쉽지 않았다. 나는 엄마와의 생각 차이를 설명할 때면 충돌이 일어났고, 오히려 엄마의 부탁을 들어주는 것이 서로의 감정을 덜 상하게 했다.

우리는 부모의 말이기 때문에 모든 것을 당연하게 따라야 한다고 생각할 수도 있고, 의견 충돌에서 합의점을 찾지 못해 포기하는 경우도 있을 수 있다. 상황이 어찌되었든 부모를 위해 순종하는 것도 좋지만 이제는 자신만의 거절 기준을 만들어야 한다. 부모 자식 사이에도 거절이 필요하기 때문이다.

한 해가 가고 연말이 다가온다. 누구에게나 매년 12월 31일은 참 의미 있는 시간이다. 사람들은 그 해의 마지막 날을 누구와 함께 보내느냐에 따라 의미 부여를 하곤 한다. 그리고 대부분 사람들은 어렸을 때에는 가족들과 함께 시간을 보내고 새해를 맞이한다. 그러나 성장하면서 넓어진 시야와 큰 세상에서 많은 것들을 경험하면서 다양한 사람들과 함께 보내고 싶은 마음이 생겨난다.

P 양은 사회생활을 하기 전까지는 가족이 전부였다. 그러나 시간이 흐르면서 가족 중심이었던 P 양은 친구들과 함께 하고 싶은 마음이 커져갔다. 친구들과 연말 파티를 생각하기도 하고 새해맞이 해돋이를 상상하기도 한다. 이번에는 친구들과 함께 연말 보내야겠다는 생각에 행복함이 충만하다. 하지만 기쁨도 잠시 "12월 31일은 무조건 가족들과 함께 할 것이니 집으로 다 내려와.", "연말에 엄마, 아빠 올라가니 스케줄 다 비워두도록!" 일방적인 부모님의 통보가 이어진다. 개인 일정이 있는데 사전 확인조차 하지 않고 통보만 하는 부모님의 방식이 못마땅하다. 하지만 P 양은 다른 일정으로 갈 수 없다는 말을 했을 때 일어날 갈등이 두려웠다. 어차피 가족모임에 참석할 것이면 계획해놓은 가족의 연말 일정을 망치고 싶지 않았다. 그저 혼자서 '왜 항상 내 입장은 생각해주지 않는 것일까?'라고 속으로 삭힐 뿐이다.

우리는 부모와 자식 사이에서 어떻게 자신의 의사표현, 감정표현을 할 것인지가 큰 관건이다. 서로의 의견을 존중하면서 가족

관계를 지키고, 최대한 부모의 마음까지 상하지 않게 말해야 한다. 그렇다면 어떻게 말을 해야 서로의 감정을 상하지 않게, 죄책감을 가지지 않고 단호하게 말할 수 있을까?

방법은 간단하다. 가족이라도 자신의 의견을 말하는 것은 당연한 것이고 표현할 권리가 있음을 인정하는 것이다. 자유가 있음을 받아들이고 자신의 입장을 정리해서 부모의 요구에 응할 수 없음을 설명해야 한다.

가령 강제적이고 지배적인 양육 방식을 했던 부모에게 자신의 의사표현을 한다는 것은 큰 용기를 가져야하는 일이다. 하지만 어른이 되어서도 의사표현을 하지 않는다면 평생 남의 눈치를 보거나 끌려가는 삶을 살 수밖에 없다. 그렇게 살고 싶지 않다면 당신은 작은 용기를 내야 한다.

예를 들어 부모에게 자신의 의사전달을 위해 생각 정리를 했다면 먼저 상대의(엄마나 아빠) 말을 인정하고 공감해보자. "제가 걱정스러워서 그러시는 것 다 알아요. 다 저 잘 되라는 마음 너무 감사하게 생각해요." 그리고 자신의 원치 않는 부분에 대해 표현 하는 것이다. "하지만 이번만큼은 저 스스로 선택해서 원하는 것을 하고 싶었어요. 엄마 마음은 알지만 앞으로 제 일은 제가 해 볼게

요." 그리고 "제가 선택하고 시행착오를 겪으면서 배워나가고 싶어요. 엄마한테 걱정 끼치는 일 없도록 할게요." 이렇게 상대의 입장도 공감하면서 자신의 입장까지 전달하는 것이다.

지나치게 간섭을 하거나 강압적이고 지배적인 부모의 감정을 공감하고 이해하는 대화법이 익숙지 않을 수 있다. 시도를 한다고 해서 한 번에 성공할 수 있는 것도 아니다. 끝내 실패로 끝이 날 수도 있다. 그렇다고 도전하지 않는다면 상처를 지닌 채 관계는 악순환으로 반복되고 회복은 더욱 힘들어진다. 좌절하지 말고 용기를 내어 훈련을 통해서 자신의 감정과 욕구를 전달해보자.

자신의 의견을 전달하려고 시도하지 않는 이유 중 하나는 상대를 바꿀 수 없기 때문에 일찌감치 포기하는 것에 있다. 사실 누군가를 바꾸려고 한다는 것은 참으로 어리석은 일이긴 하다. 하지만 상대가 바뀌지 않으니 자신의 의사표현을 포기한다면 더욱 어리석은 짓이다. 상대를 바꿀 수 없다고 포기하는 것이 아니라 자신이 할 수 있는 일로 상황을 전환시키면 된다.

《말투 하나 바꿨을 뿐인데》라는 책에는 흥미로운 설문 결과가 나와 있다.

뉴질랜드에 있는 오클랜드 대학교의 슈리너 히라 교수는 애인이 있는 160명 남녀 대상으로 '자신이 달라지려고 노력해야 합니까? 아니면 상대방이 달라지려고 노력해야 합니까?'라고 물었다. 그리고 최근 반년 동안 서로의 관계가 어떻게 좋아졌는지, 또는 나빠졌는지에 대해서도 물어봤다.

그러자 '상대방이 달라져야 한다.'고 대답한 커플일수록 상황이 잘 개선되지 않았고, 또 서로의 관계도 악화되었다는 결과를 얻었다. 오히려 서로의 관계가 좋아진 것은 '자신이 달라지려고 노력해야 한다.'라고 대답한 커플이었다. 슈리너 히라의 분석에 따르면 '상대를 바꾸려고' 하는 것은 반발심, 분노, 적대심, 복수 등 좋지 않은 결과들만 가져온다고 한다. 이런 결과로서는 상대방을 바꾸려고 하는 행위는 긍정적인 방향은 아니다라는 것을 보여준다.

위의 분석을 보면 연인을 바꾸려고 하지 말라고 한다. 부모 사이도 마찬가지이다. 칭찬에 인색한 부모에게 칭찬을 요구하지 마라. 간절히 원할수록 마음의 상처와 실망은 깊어진다. 칭찬에 인색한 부모를 부정하지 말고 있는 그대로 수용해보자. 그리고 자신이 원하고자 하는 바를 부모에게 유도하는 것이다.

"아빠 오늘 제가 이 일을 했는데 결과가 너무 좋게 잘 나왔어요. 저 잘 했죠?"라고 질문형으로 원하는 대답을 유도하는 것이다. 아빠 입장에서도 짧게나마 자연스럽게 "잘했네, 고생했어."라는 말을 할 수 있을 것이다. 이렇게 자신이 할 수 있는 방법으로 조금씩 접근을 하는 것이다.

나도 한 때 엄마와 대화를 시도하면 언성만 높아지고 감정의 골이 깊어질 때가 있었다. 어리석게도 난 엄마에게 상처의 화살을 돌리면서 엄마가 바뀌어야 한다고 강력하게 생각했다. 그러다 그런 마음 상태는 엄마와의 대화에서 언성만 높아질 뿐 관계에서 나아지지 않는다는 것을 깨달았다. 나는 엄마를 바꾸려는 대신 내 마음 상태를 바꾸기로 했다. 내가 할 수 있는 방법을 선택한 것이다.

전에는 '엄마는 왜 그럴까', '엄마는 원래 이래야 하는데'라며 엄마란 내가 생각한 틀에 완벽히 맞아야 한다고 생각했다. 그런데 엄마도 엄마 이전에 한 사람이다. 사람은 불완전함 속에서 발전하며 살아간다. 그 점에서 엄마도 부모도 완벽할 수 없다는 것을 깨닫고 이해할 수 있었다.

사람의 성격이나 행동을 변화시키는 것은 매우 어려운 일이다. 그렇지만 불가능한 일도 아니다. 자신이 할 수 있는 일을 시작으로 상황은 충분히 바꿀 수 있다. 부모 자식 사이라도 우리는 각자의 개인으로 존재한다. 가족의 사이가 올바르지 않다면 아무리 혈연관계라도 자신의 감정상태, 기분상태를 표현하는 것은 필요하고 마땅한 일이다.

부모이기에 모든 것을 순종하는 것도 바람직하지 않다. 그것은 자신의 인생을 없애고 감정마저 잃어버리게 하는 것이다. 가족일수록 서로의 인생을 존중하는 경계선이 필요하다. 가족이라고 해서 내가 될 수도, 내가 가족이 될 수도 없다.

자신의 의견을 진실하게 전달하는 연습을 하길 바란다. 가족이라서 거절하는 연습을 하지 않는다면 가족이기에 더욱 상처받고 한쪽만 희생하는 관계가 형성이 될 것이다.

부모의 뜻을 따르지 않는다는 것을 불효라 생각하지 말고 자신의 감정이나 의견을 존중하는 마음으로 떳떳하게 자기표현을 하기 바란다.

3장

착하고 실속 없는 사람들을 위한 '바른 거절'의 기술

조금 이기적이어도 괜찮다

당신이 마음에서 느끼는 감정과 이성적으로 판단하는 생각이
불일치 할 때에는 조금 이기적인 행동이 필요하다.

우리 주변에는 타인에게 무슨 문제가 생기면 자신의 일인냥 팔을 걷어붙이고 동분서주하는 사람들이 있다. 이런 사람들은 왜 자신의 삶을 내팽개치면서까지 나설까? 모든 문제 해결에 뛰어난 능력을 가지고 있어서일까? 전혀 그렇지 않다. 그들은 단지 상대의 요구를 거절하지 못해서이다. '노'라는 말을 하지 못해서 본의 아니게 혼신을 다해 돕는다. 물론 타인을 돕는다는 것은 의로운 일이다. 하지만 자발적인 선택이 아닌 어쩔 수 없는 선택이라면 그 선택에 대해 생각해볼 필요가 있다.

반대로 자발적이고 선한 동기로 아낌없이 선의를 베푸는 따뜻한 사람들도 있다. 그들은 남을 돕는 데서 삶의 가치를 찾고 행복을 성취하며 자아 만족감을 느낀다. 적어도 그들에게는 이것이 행복과 즐거움의 원천이 되기 때문이다. 하지만 어떤 사람은 그런 선의를 이용하기도 한다.

한 번은 지인의 문서 일을 도울 일이 생겼다. 처음에는 내가 도울 수 있다는 것만으로도 즐거운 일이었다. 과하지 않게 적정선을 유지하면서 나의 능력을 최대치로 발휘하며 일을 돕기 시작했다. 누군가에게 도움을 줄 수 있는 일은 행복하지 않은가. 나는 지인에게 필요한 피드백을 줄 수 있었고, 그것이 하나하나 반영이 되었을 때에는 스스로 만족스러웠다.

그러나 어느 순간 주객전도되어 지인의 일을 전적으로 하고 있는 나를 발견했다. 지인은 자신의 일임에도 전혀 아이디어를 내지 않았고, 그 분야에 대해 나는 잘 모른다는 식으로 무책임한 행동을 취했다. 나는 가만히 있는 지인의 모습을 볼 수 없었고, 그녀에게 구체적으로 어떻게 문서를 만들면 좋을지 문서 작성 방법부터 구성요소까지 모두 알려주었다. 그리고 이를 토대로 1차적으로 만들어 오면 다시 의논하기로 했다. 그렇게 우리는 일주일 후에 다시 만났다. 예상했던 것과 달리 전혀 진행되지 않는 자료를 보니 충격적이었다.

나는 놀란 마음을 진정시키고 "제가 지난 주에 다 설명 해드렸는데 아무것도 안하고 그냥 오시면 어떡해요?"라고 최대한 정중하고 차분하게 말을 했다. 지인 또한 머쓱했는지 "아니, 네가 다 도와준다며…."라는 황당한 말을 했다. 내가 도와주기로 한 것은 맞지만 전적으로 일을 떠맡기는 행동은 당황스러웠다. 마감 일자를 앞두고 괜히 내가 도와준다고 했나라는 마음에 후회스럽지만 잘잘못을 따질 겨를이 없었다.

나는 도움을 주고 싶은 마음에 시작한 일을 중간에 그만하겠다고 하는 것도 무책임한 행동인 것 같아 그만둘 수도 없었다. 결국은 나는 황금 같은 주말을 반납하고 지인에게서 받아온 자료를 가지고 문서를 만들어나갔다. 내 시간과 노력 투자로 문서 작업은 마감 일자에 맞춰 완성할 수 있었다. 작업하는 내내 지인의 행동과 상황이 탐탁지 않았지만 완성된 자료를 보며 마음을 가라앉힐 수 있었다. 최종 자료를 지인에게 넘겨주고 나서야 불안했던 마음을 안도할 수 있었다.

우여곡절 끝에 나의 모든 자원을 투자해서 결과물을 완성할 수 있었지만 정작 지인은 내가 공들인 시간과 노력에 대한 가치를 알지 못했고 무덤덤한 반응이었다. 악의가 있어서 그런 반응을 보인 것은 아니다. 그녀도 미안함에 어쩔 줄 몰라 보인 태도이지만 모든 상황을 내가 이해해야 하는 것이 답답했다. 차라리 조금은 무책임하고 이기적일지라도 중간에라도 할 수 없다고 강력하게 나갔더라면 타인을 위해 희생하고 노력한 시간이 이렇게까지 허탈할까란 생각에 헛헛한 마음이 들었다.

직장 또는 친구 사이에서 자신이 필요할 때마다 연락 오는 사람들이 있다. 내가 무언가를 부탁하려고 하면 바쁘다는 둥 회피성 대답을 하고선 자신이 필요할 때면 아무렇지 않게 연락하는 사람들이다. 그들이 하는 요즘 바쁘냐는 질문은 무언가 부탁을 할 속셈이 있는 것이다. 처음에는 안부 차 연락한 줄 알았지만 본심을 알고 나니 반복되는 패턴임을 알 수 있게 되었다. 처음에는 몰라서 당했지만 이제는 상대의 꼼수가 보이는 마당에 더 이상 당하고만 있지 않는다.

보통은 오랜만에 연락을 하면 제일 먼저 안부를 묻기 마련인데 대부분 "요즘 어때?", "잘 지내고 있어?" 이런 질문이 우선이다. 그건 상대가 자신의 용건을 말하기 위해 당신의 상황을 살펴보려는 속셈이다. 이때 질문에 대한 답으로 "잘 지낸다."가 아니라 "이러저러해서 요즘은 바쁘게 지낸다."라고 자신의 상황을 말해 미리 선을 그어두자. 이 정도의 말로 죄책감을 가질 필요는 없다. 최소한에 당신의 영역을 지키기 위한 것이다. 상대의 목적성 있는 질문에 당신은 미주알고주알 대답할 필요가 없다.

그뿐만 아니라 어떤 누군가는 특정 주제를 놓고 당신에게 끊임없이 질문을 한다. 상대는 자신이 질문을 해놓고선 자신의 생각을 이렇다저렇다 늘어놓기 바쁘다. 이런 대화는 전혀 흥미롭지 않고 시간마저 아까울 따름이다.

우리는 상대의 이기적이고 일방적인 대화 또는 자기자랑으로 시작해서 끝나는 질문 등 불편한 대화를 계속 듣고 있어야만 할까? 전혀 그러지 않다. 우리의 시간은 소중하다. 그 시간이 너무나 아깝고 듣고 있는 것이 꺼려진다면 질문에 대해 '모른 척하는 것'도 하나의 방법이다.

"이거에 대해 어떻게 생각하니?"라고 물어온다면 "글쎄, 난 잘 모르겠네. 그쪽으로는 생각을 안 해봐서."라며 질문의 의도를 모른 척, 관심 없는 척 대화의 연결고리를 빨리 끊는 것이다.

이처럼 세상에는 다양한 사람들로 존재한다. 가끔 상상하지도 못한 요구나 행동으로 난처하기까지 하다. 그런 상대를 한 명 한 명 모두 신경 쓰며 행동한다면 얼마나 피곤하겠는가. 아무리 착한 당신이라고 해도 피곤하다고 느끼는 것은 똑같다. 당신이 마음에서 느끼는 감정과 이성적으로 판단하는 생각이 불일치할 때에는 조금 이기적인 행동이 필요하다. 당신의 생각과 말, 행동이 우선적으로 되어야 한다.

상대방과 관계를 편하게 하는 것도, 만나고 싶지 않은 사람과 관계를 유지하는 것도, 부정적인 감정을 모두 버리고 이해하는 것도 오직 나를 위한 것이다. 당신만이 당신의 마음과 생각 그리고 삶을 지킬 수 있다.

당신은 무엇보다 자신에게 상처를 주는 사람들과의 관계를 위해 애쓰지 않아도 된다. 더 이상 그 상처들로 인해 자신의 인생이 힘들어 지도록 만들지 않겠다고 다짐하는 당신을 위한 결심이 더 중요하다. 이것은 당신이 이기적인 것이 아니라 당신만의 축을 세우는 일이다. 설령 내가 중심이 되어 나 위주로 살아간다고 해도 큰일은 일어나지 않는다.

때론 욕 좀 먹어도 괜찮다

상대가 무슨 말을 하던지 '나'에 대한 확고한 믿음이 있고
자의식이 강한 사람은 다른 사람의 말이 두렵지 않다.

'내가 원하는 삶은 무엇일까?'

'대체 무엇을 위해 살고 있는 거지?'

누구나 살면서 한번쯤 고민하는 명제다. 나는 스스로에게 이 질
문을 했을 때 지금까지 잘 살아왔다고 생각하며, 당연히 내 자신
은 내가 다 안다고 확신했지만 막상 내가 무엇을 좋아하는지, 목
표가 무엇인지 대답할 수가 없었다. 충격적이었다. 어째서 내 자
신에 대해 알지 못하는 것일까? 뿌연 안개 속을 헤매고 헤매다 한

가지 실마리가 보였다. 나는 그동안 살아오면서 타인의 평가에 예민하게 반응하고, 누군가의 인정을 갈망하고 그들이 원하는 대로 내 자신을 끼워 맞추며 살아왔다. 그렇기 때문에 진짜 나의 모습을 볼 수 없었고 알지도 못했다.

이렇게 남의 시선을 지나치게 의식하며 살아온 삶은 결코 행복할 수가 없다. 가면 뒤에 숨어 진짜 얼굴을 감추고, 내가 아닌 다른 사람들의 기준에 맞춰 살아가는 것은 의미 없는 삶을 살고 있는 것과 같다. 대부분 사람들은 외부의 시선, 사회의 엄격한 잣대에 맞춰진 자신을 보며 착각하고 살아간다. 하물며 잘못된 것임을 알아도 남을 의식하는 마음, 인정받고 싶은 욕구, 모두를 만족시키고 싶은 마음을 놓지 못한다. 행여나 자신의 부족한 부분이 드러나면서 거센 혹평이 두려워서 완벽한 모습으로 포장하려고까지 한다.

내가 알고 있는 J 씨는 절대적인 완벽주의자이다. 무슨 일을 하더라도 꼼꼼하게 신경 쓰면서 완벽함을 추구한다. 저마다 각자의 기준을 설정하고 노력하지만 J 씨는 유독 높은 기준으로 자신을 그 틀에 맞추려고 한다. 그러다 그녀는 완벽하게 소화해내지 못했을 때는 스스로 비난하거나 자신의 신뢰감이 떨어지는 것이 두려워 책임을 전가하며 타인에게 그 화살을 돌리곤 한다. 그리고는 자신의 부족함에 열등감을 느끼고 '나는 이것 밖에 못하는 사람이야 정말 한심해'라고 질책하는 것이다.

J 씨처럼 완벽함을 추구하는 사람은 자신의 부족함을 인정해본 적이 없기 때문에 끊임없이 타인과 비교한다. 다른 사람들의 평가가 두렵기 때문이다. 어쩌면 높은 기준이 다른 사람들에게 욕먹지 않기 위함이라면 이런 비합리적인 신념을 합리적으로 바꾸고 실수해도 괜찮다고, 욕 좀 먹어도 괜찮다는 마음으로 자신을 바라보아야 한다.

물론 타인의 평가가 꼭 나쁜 것만은 아니다. 자신의 보완할 점을 객관적인 시각으로 보고 당신에게 전달하는 것일 수도 있다. 그뿐만 아니라 자신의 의견과 선택을 확고하게 주장하기 위해서 비난을 감수하는 것도 당신이 극복해야 할 문제이다.

이 글을 읽고 있는 당신도 J 씨처럼 다른 사람의 평가가 두렵다면 '욕 먹어도 괜찮은' 쿨한 생각 전환의 방법을 사용해보자. 다음과 같은 방법을 통해 당신이 불편하고 괴로운 마음에서 벗어나길 바란다.

첫째, 당신은 '욕 먹을 것을 선택'하라. 욕먹을 것이 예상되는 결과를 두고 '어떻게 해야 할지' 고민하는 당신. 고민은 이제 그만하고 차라리 시원하게 욕 한 번 먹고 그 다음을 생각해보자. 어차피 욕 먹고 말지 아닌지 선택권은 당신의 손에 들어 있다. 물론 '욕하는 기준'을 판단하는 것은 상대측이다. 상대방의 어떠한 기준으로 당신을 판단하든지 간에 욕 먹는 것을 두려워하지 말자. 욕을 먹는다고 해서 세상이 무너지는 것도 아니다.

또 욕 한 번 먹는 것이 당신에게 유리한 상황이라면 까짓것 욕 먹을 것을 선택해라. 그 순간이 두려워 선택하지 않으면 나중에 더 큰 마음고생으로 처절하게 후회할 지도 모른다. 후회한다고 해서 그때로 돌릴 수는 없다. 그러나 지금 당신이 비난 받을까봐 두려워하고 있다면 당장 후회하기 전에 선택을 하라.

물론 어떠한 선택을 한다고 해도 아쉬움과 후회는 남는다. 상대방의 비난이 상상하지 못할 만큼 자신에게 큰 상처가 될 안 될지 아무도 모른다. 그렇지만 지금 해야 할 것과 하지 말아야 할 것을 결정하지 않는다면 분명히 당신은 더 많은 것을 잃게 된다는 점을 명심해야 한다. 그러니 당신은 용감하고 모질어야 한다.

한 번 뿐인 인생. 자신의 뜻대로 살아야 하지 않을까? 물론 상황에 따라 인내하고 있으면 순리대로 흘러가기도 하지만 인내하기만 한다면 당신은 소중한 기회를 잃어버릴 수도 있다. 잘못된 것을 알고도 행동하지 않는 것은 당신의 잘못이 된다.

둘째, 욕을 먹더라도 우선순위로 자신을 생각하라. 상대의 요청이 다급하다고 해서 반드시 내가 나서서 도와야 하는 것은 아니다. 모든 상황에서 도움을 줄 수 있다면 상관이 없다. 하지만 터무니없는 부탁과 요구 앞에서는 딱 잘라서 거절을 해야 한다.

이를 테면 '오는 길에 물 좀 사다줘', '너 이거 해 봤잖아! 그러니 내 것도 좀 해줘', '이렇게 하는 거 맞아? 모르겠어, 그냥 네가 해봐'라는 요구는 황당하고 기분까지 언짢다. 보따리 맡겨 놓은 장수 마냥 해내라는 심산이다. 해결할 문제는 어려운 것이 아니라 쉽게 해줄 수도 있는 문제지만, 상대가 당연하다는 것처럼 생각하고 말하는 것이 잘못된 것이다.

상대가 잘못 되었다고 느끼면, '치사하게 뭘 그렇게까지 하냐. 그냥 해주면 되지. 되게 깐깐하게 왜 그래?' 온갖 비난과 황당한 욕을 먹더라고 당신의 시간을 할애하며 부탁을 들어줄 이유가 없다.

설령 욕을 좀 먹으면 어떠한가. 다른 사람의 비난이나 무시로 당신을 깎아내린다고 해도 당신이 그것이 아니면 그만이다. 그 욕도 내가 받아들여야 욕이지, 당신이 아니라면 상대가 내뱉은 욕은 상대방의 것이다. 굳이 그 가치 없는 말에 슬퍼하거나 고민에 빠질 필요 없다. 그들의 말이 모두 맞는 것도 아닌데 왜 그들의 하는 말에 두려워하는가. 내가 떳떳하다면 그깟 욕먹어도 마음 상할 일도 상처받을 일도 아니다.

방송에서 독설가로 유명한 박명수 씨는 자신의 의사표현이 명확하다. 그러한 성격은 방송국이 아닌 밖에서도 알 수 있다. 유명인만큼 어디에서는 사인 공세를 받는다. 한 사람, 한 사람 다 해줄 수도 있지만 상황에 따라 못해줄 수도 있다. 그러나 막무가내로 '왜 사인을 해주지 않느냐'는 팬에게 '사인을 받는 사람은 한 명일지라도 해주는 입장에서는 열 명이 될 수 있고 수십 명이 될 수 있다'라고 일침을 날렸다.

누군가는 그런 말을 한 박명수 씨를 욕할지라도 연예인이라고 요청에 모두 응할 이유는 없다. 각자의 입장이 있고 상황이 있다. 이처럼 상대가 욕을 하든지 말든지 신경 쓰지 않고 분명하게 의사를 밝힌다면 자신의 시간, 에너지, 신뢰감 등을 지킬 수 있는 것이다.

타인으로부터 욕을 듣는 것 자체가 기분 좋은 사람은 없을 것이다. 다만 상대가 무슨 말을 하던지 '나'에 대한 확고한 믿음과 자의식이 강한 사람은 다른 사람의 말이 두렵지 않다.

상대의 말을 어떻게 생각하고 받아들이느냐에 따라 당신의 인생이 행복해질 수 있다. 타인의 말에 신경을 곤두세우기만 한다면 정작 자신에게 소홀해지며 그럴수록 그들을 의식하고 만족시키려고 한다. 그들에게 잘 보이기 위해 노력하지 말고 스스로 인정하고 만족할 수 있는 '내가' 되어보자.

타인의 욕구에 나를 맞춰야 한다는 마음의 짐을 내려놓고 있는 그대로의 자신을 보여줄 수 있는 주체적인 사람이 되어보자. 누군가에게 잘 보이기 위해, 좋은 평가를 듣기 위해, 욕 먹지 않기 위해 더 이상 애쓰지 않았으면 한다.

거절했다는 느낌이 들지 않게 거절하는 법

비록 상대에게는 거절이 부정적인 영향을 줄 수 있지만,
자기 자신에게는 가장 긍정적인 결과이다.

'다음부터 다시는 들어주지 않겠어.'라고 다짐을 해보지만 매번 사람들의 부탁 앞에서 수락해버리고 만다. 당신도 종종 그런 경험이 있을 것이다. 거절하려는 마음은 굴뚝같은데 실제로는 마음처럼 하지 못한다. 우리는 거절할 때 '노'라는 말이 상대방의 강한 반발심을 불러온다는 선입견을 가지고 있다. 대부분 거절은 부정적인 것이라고 생각하기 때문이다.

이들이 거절하지 못하는 이유는 너무나도 많다. 마음이 약해서, 상대방에게 미안한 마음에 죄책감이 들어서, 거절하면 마음에 빚

을 진 것 같아서 등 많은 이유들로 다른 사람들의 부탁을 거절하지 못하고 들어준다. 자신을 희생하면서까지 다른 사람들의 부탁을 수락하고서는 언제나 뒤늦은 후회를 하곤 한다.

이런 후회는 가장 중요한 것을 간과 했기 때문이다. 바로 당신이 느껴야 할 죄책감은 부탁을 들어주지 못한 죄책감이 아니라, 당신이 거절하지 못해서 스스로에게 느껴야 할 죄책감이다. 이제는 거절하지 못하고 수락만 하는 당신을 거절할 때이다.

만약 상대의 요구가 당신이 정말 하고 싶은 일이거나 할 수 있는 일이라면 수락을 해도 좋다. 하지만 그게 아니라 부탁을 거절하지 못해 이러지도 저러지도 못하고 있다면, 다른 사람의 몫까지 챙기느라 정작 자신의 삶을 살지 못하고 있다는 것을 알아야 한다. 당신이 하고 싶지 않은 일을 마지못해 해야 하는 상황에 있다면 지금이야말로 타인의 삶과 자신의 삶을 명확하게 구분하는 방법을 찾아야 할 시점이다.

나는 그 방법을 어쩌면 '단호함'일지도 모른다고 생각한다. 이때 단호함의 의미를 제대로 알지 못하고 자기주장만 한다면 오히려 관계만 나빠지고 인심만 잃게 된다. 제대로 된 거절을 한다면 생각했던 만큼이나 관계가 심각하거나 위험해지지 않는다. 우리가 분별없이 수락함으로 자신에게 끼치는 피해가 거절로 상대에게 입히는 손해보다 훨씬 크다는 것을 모를 뿐이다.

이제부터라도 살신성인의 자세로 누군가를 도와주려는 마음을 내려두고, 자신의 시간과 에너지를 좀 더 지혜롭게 사용하는 방법을 모색해보자. 우리의 최종 목표는 상대의 요구나 부탁으로부터 당당하게 거절하는 것이다. 부탁하는 사람이나 거절하는 사람 모두 미안함이나 죄책감, 실망감 등 상처의 수위를 최소화하기 위해 아래와 같은 방법을 추천한다.

첫째, 상대의 요구를 거절할 때 생각할 시간을 벌어라. 우리는 흔쾌히 수락하거나 혹은 단호하게 거절하지 못하는 애매모호한 질문이나 부탁을 받을 때가 있다. 그럴 경우 먼저 상대방의 이야기를 들어보면서 상황을 파악해보자. 수락을 하든 거절을 하든 무턱대고 입장을 전하지 말고 객관적인 입장을 유지하기 위함이다. 상대방의 부탁이 어떤 의미인지를 다시 생각해보면서 당신이 대답했을 경우에 일어날 결과를 예측해보자. 확실한 판단이 설 때까지 대답을 미루는 것은 별도의 시간을 벌 수 있다.

이 시간을 통해서 상대의 부탁을 거절할 수 있는데 이때 합당한 이유를 찾을 수가 있다. 당신이 상대의 부탁에 나서서 하지 않아도 되고 시간이 지체될수록 당신이 딱히 도와주고 싶은 마음이 없다는 것을 상대도 느끼게 된다. 그리고 바로 수락하지 않고 생각할 시간을 갖는 것은 당신의 판단이 보류 중임을 상대방에게 간접적으로 알리고 거절 의사를 표시하는 셈이다.

둘째, 호의적으로 상대의 요구를 들어보자. 거절도 가급적 상대가 실망하지 않도록 자연스럽게 매너를 지키면서 해야 한다. 그렇기 위해서는 먼저 상대방의 요청을 호의적으로 경청하는 것이다. 당신의 호의적인 반응을 상대측에서는 수락으로 받아들일 수 있는 점을 고려해서 상대에게 "우선은 내가 확답을 줄 수는 없지만, 일단 너의 상황을 들어볼게."라고 말하며 상황을 공감하는 것이다.

상대가 어렵게 부탁할 수도 있는 것인데 단칼에 거절한다면 그에게 창피함과 수치심을 줄 수 있다. 부탁하는 사람이 무시당했다고 느낄 수 있기 때문이다. 이런 점에서 의도치 않게 관계도 안좋게 흘러갈 수 있다는 것을 유의해야 한다. 상대방의 입장을 먼저 공감해주고 거절의사를 전달하면 상대방은 자신이 거절당했다는 느낌을 덜 느낄 수 있을 것이다.

셋째, 정중하게 단호하게 거절의사를 전달하자. 상대의 부탁을 거절할 때 마음이 불편하고 미안한 마음이 드는 건 어쩔 수 없다. 여러 가지 감정이 교차하면서 생겨나는 또 하나의 감정이다. 단지 미안한 마음에 우물쩍거리며 애매모호한 말을 할수록 괜히 난처해진다.

당신이 거절하겠다고 결정을 내렸으면 상대에게 거절하는 이유를 명확하게 설명을 하되, 정중하게 말해야 한다. 이도저도 아닌 말로 무엇을 말하는지 모르면 서로 감정 소모만 될 뿐이다. 당신의 정중한 거절 의사표현으로 서로의 시간을 아낄 수 있다.

어떤 방식으로 표현하느냐에 따라 상대방이 거절 당했다는 느낌을 덜 받을 수 있다. 감정만 덜 상해도 상대방은 크게 실망하지도 않을 것이고 거절하는 당신의 마음도 예전처럼 불편하지 않을 것이다. 무엇보다 거절의 부정적인 생각을 전환할 수도 있다.

차츰 다른 사람의 부탁을 거절한다는 것은 그동안 그들에게 내

주었던 자기 삶의 선택권을 다시 되찾아오는 것을 말한다. 비록 상대에게는 거절이 부정적인 영향을 줄 수 있지만, 자기 자신에게는 가장 긍정적인 결과이다. 거절은 지금까지와는 달리 자신의 삶을 살고자 할 때 가장 먼저 할 수 있는 자기 의지이자 표현 방법이다. 소심하고 순종적이고 지배적인 환경에서 자란 사람들에게 거절이란 불합리한 자신의 상황에서 벗어나고 자신의 권리를 찾을 수 있는 유일한 방법이 되기도 한다.

결국 거절은 자신의 시간과 노력을 아끼고 자신의 정체성을 확립시키는 일이다. 상대방에게 당신의 독립된 존재감과 중요성을 확인시키는 과정이다. 그래서 우리의 삶에서 거절은 꼭 필요하다. 이는 스스로 채워둔 족쇄를 벗어던지고 건강한 삶과 균형을 찾아가는 것이다.

자신이 마음 가는대로 진심으로 누군가의 부탁을 수락하고 싶을 때 수락하고 거절하고 싶을 때 거절하는 법을 알아야 한다. 따라서 거절은 단순히 상대의 부탁을 거부하는 것만을 의미하지 않는다.

거절은 가장 나답게 살기 위한 변화의 시작이다. 모두를 행복하게 해주려고 노력할 때 우리는 자신의 꿈과 행복 그리고 인생이 사라진다. 그러나 남의 일에 두 팔 걷어붙이는 일을 그만할 때 자신은 스스로 그런 모습이 대견스러울 것이다. 당신은 타인의 부탁을 들어줘야 한다는 의무감과 부담감을 내려두는 것만으로도 정신적, 심리적 스트레스를 줄일 수 있다.

거절은 당신을 무례하고 이기적인 사람으로 만들지 않는다. 오히려 당신의 의사를 스스로 선택할 수 있고 통제할 수 있다는 자신감을 만들어준다. 궁극적으로 거절로 인해 당신의 삶은 여유로워지고 더욱 행복함을 느낄 수 있게 될 것이다.

관계에 지배당하지 말고 지배하라

우리는 자신이 선택하고 결정할 수 있을 때
삶에 여유로움을 느끼고 관계에서도 두려움이 없다.

두 사람의 알코올 중독자가 있다. 한 사람은 외부의 영향에 의해 자신이 술을 먹을 수밖에 없다고 하고 다른 사람은 자신의 의지와 노력의 부족으로 지속적인 음주한다고 생각하는 사람이다. 이 중 어떤 사람들이 치료에 적극적으로 집중하고 임하는 사람일까? 당연히 후자다.

두 사람은 똑같은 알코올 중독자인데 왜 서로 다른 결과를 보이는 것일까? 이들은 자신의 알코올 중독을 통제할 수 있는 의지를 내부 두느냐 외부에서 두느냐에 따라 다르기 때문이다.

물론 유전적인 요인과 후천적 일상생활에서의 요인도 있다. 이 외에도 학업 성적, 업무 능력은 노력보다 운이 좋은 것이라고 믿는 사람들은 자신의 인생에서도 적극적이지 못하다. 통제성은 대인 관계에서도 결정할 권리, 의사할 권리 등 자신의 권리를 지배하느냐, 당하느냐에 따라서 큰 차이를 보인다.

당신은 자신의 행동이 스스로 자기 결정에 의해 이루어진다고 생각하는가? 아니면 다른 외부요인에 의해 결정된다고 생각하는가? 가끔은 이와 같은 질문에 혼란스러울 때가 있다. 자신이 전자인지, 후자인지 확실하게 알지 못하기 때문이다. 우리는 스스로 자신을 통제하는지 아니면 외부에 의해 지배당하는 건지 제대로 알아야 한다. 자신의 말과 행동, 의지, 노력에 의해 판단하고 결정하는 사람이 있는 반면에 말과 행동, 결정을 상황에 따라 외부의 영향을 받는 사람들이 있다. 자신의 통제하는 힘을 내부에 두느냐, 외부에 두느냐에 따라 삶은 달라진다.

나는 대인 관계에서 만큼은 유독 약했다. 당시 나는 대인 관계에서 나의 권리인 주도권과 통제권이 어떤 영향을 미친다는 것을 알지 못했다. 사람들이 마냥 좋다는 이유로 대부분 나의 결정과 선택할 권한을 타인이 통제하게끔 두었다. 적극적으로 나서서 참여를 하기보다는 전반적으로 다수의 의견에 따르는 쪽이었다. 나의 이러한 태도는 나 자신에게도 타인에게도 결국 좋은 영향을 주지 못했다. 무조건적으로 수용하는 태도가 지속될수록 상대방에게 자신의 모든 권한을 지배당하고 자연스레 그들의 생각대로 움직이고 따르게 되는 관계로 흘러갈 수밖에 없다.

우리는 실제로 의식하지 못할지라도 매순간 인간관계에서 선택과 결정하는 순간에 놓인다. 당신이 상대에게 배려의 차원에서 한 행동들은 멀리 봤을 때 자신의 통제력을 잃게 하는 일이다. 어느 순간 자신이 타인에게 통제를 받고 있다는 것을 알아차렸을 때 당신은 분노하거나 어떻게든 당신의 자유의지를 되찾으려고 할 것이다.

당신은 언제든지 자신이 원할 때 요청과 거절을 할 수 있다. 수동적인 관계를 멈추고 타인과 유대감을 느끼며 올바른 관계 형성을 위해서는 자기 스스로 통제권을 지킬 수 있는 방법을 생각해야 한다.

일단 자신의 의사를 부드럽고 명확하게 설명함으로써 장기적으로 자기 권리를 지키며 서로 신뢰하며 관계를 이어나가는 것이다. 마찬가지로 거절도 자신의 통제권을 지키는 역할을 한다. 평소에 자신이 통제력이 약하다고 생각하는 사람들은 다소 지나치게 거절을 하기도 한다. 앞서 말했듯이 거절의 핵심은 단호하게 말하는 것이다.

독일 최고의 관계 심리 전문가 롤프 젤린은 단호하게 말하기의 핵심은 '어떤 마음가짐으로 상대에게 자신의 의사를 표현하느냐'에 중점을 둔다. 관계에서 자신을 지키기 위해서 단호함이 필수요소가 되지만 자기주장과 공격적인 태도는 상대방보다 자신이 우월한 마음에서 시작한다는 것을 알아야 한다. 자신의 마음가짐 상태를 잘 파악한 후에 상대의 입장도 충분히 공감을 하면서 자신의 목소리를 부드럽게 전달해야 한다.

함께 사는 룸메이트가 자신의 편리를 위해 한 밤 중에도 불을 켜고 음악을 트는 것이 불만이다. 이런 경우 눈치가 보여 말을 할까 말까를 고민하는 것이 아니라 "오늘 좀 많이 늦었네? 내가 일찍 잠들어서 불을 다 끄면 네가 불편할까봐 스탠드는 켜두었어."

라고 자신의 상황과 룸메이트를 생각한 행동을 함께 말해주면 상대방도 배려를 받았다는 것을 느끼게 된다. 그리고 룸메이트의 행동에 대한 언급해보자. "스탠드 불을 켰는데도 어둡지? 내가 조금 예민해서 불 켜는 소리에 잠을 깨곤 하거든. 불 켤 때 신경 써줄 수 있을까?"라고 불편한 사항을 말하는 것이다. 그럼 상대방도 이해하고 조율해나갈 수 있을 것이다.

자신의 의견을 말하지 않는 사람일수록 인간관계에서 이런 대화 자체가 익숙하지 않을 수도 있다. 괜한 말로 관계가 불편해지고 혹은 갈등이 두려워서 자신의 결정권을 타인에게 허용한다면 스스로와의 관계도 회복하기 힘들어진다.

스스로 인지하고 변하지 않고서는 지배당하는 관계로 이어질 수밖에 없다. 말하기도 전에 위축되어 두려워말고 조금씩 자신의 의견을 말하는 연습을 통해서 올바른 관계 형성을 해나가자. 관계는 서로를 지배하고 지배당하는 것이 아니라 자신이 주도적으로 말하고 행동을 취할 때 이상적인 관계로 형성된다.

관계에서 중요한 것은 통제력이 있는지 없는지, 혹은 그것을 사용할 수 있는지 없는지 보다는 자신이 주도적으로 통제할 수 있다는 자신감이다. 이처럼 우리는 자신이 선택하고 결정할 수 있을 때 삶에 여유로움을 느끼고 관계에서도 두려움이 없다.

또한 당신이 언제든지 의사를 분명하게 하고 타인의 부탁이나 요청을 거절할 수 있을 때 관계에 지배당하지 않고 비로소 자유로워질 것이다.

자신만의 거절 기준을 만들어라

거절할 때에는 모호함을 남기는 것이 아니라
빠르고 분명하게 그 부탁을 들어줄 수 없다고 전달해야 한다.

대부분 사람들은 인생에서 성공적인 삶을 살기 위해서는 능력, 돈, 명예, 권위 등이 필요하다고 생각한다. 하지만 성공적인 삶을 살기 위해서는 기본적 필수 요소는 바로 '거절'이다. 거절은 해도 그만, 안 해도 그만인 선택이 아니라 필수라는 것이다. 그럼에도 우리가 쉽게 거절하지 못하는 이유는 무엇일까? 상대방이 '우리 사이에 이 정도는 가능하지?', '우리가 남이니?'라고 하는 말로 주고받는 부탁은 당신에게 꼭 들어주어야만 할 것 같은 의무감을 안겨준다. 그런 말과 함께 한 부탁은 부담감이 배가 될 수밖에 없다.

개인의 성향에 따라 다르지만 남을 배려하고 양보하는 것을 미덕으로 꼽는 우리나라 특유의 '정' 문화에서 거절은 유독 어렵다. 그 외에도 공동체 의식, 신세를 갚기 위한 마음, 나중에 내가 도움받을 수 있기 때문 등 다양하다.

중요한 것은 당신이 다양한 이유로 거절하지 못한다고 생각할 때 그로 인해 잃어버리는 것도 생각해봐야 한다. 거절을 하지 않았을 때는 표면적으로는 당신의 시간과 노력을 뺏기는 일이지만 깊게 들여다볼 때에는 자신의 가치관과 원칙이 없다는 것을 보여주는 것과 다름없다. 그저 이렇게 거절을 포기하고 말 것인가? 자기중심을 잡지 않으면 자신의 인생을 오직 타인을 위해 살아갈 수도 있다. 당신의 시간과 노력, 가치관처럼 자아의식을 지키는 일은 스스로 만들어가야 한다. 그 중심에 '거절'이 있다는 것을 기억해야 한다.

최소한 나의 권리, 시간, 에너지를 갉아먹는 부탁은 적절하게 거절해야 한다. 그것이야말로 자신을 지킬 수 있는 방법이다. 지금부터라도 당신은 자신의 인생을 지켜주는 똑똑한 거절의 기준을 세워보기 바란다. 거창하고 어려울 것이 없다. 자신이 가장 쉽게 시도 할 수 있는 거절 기준을 만드는 것이다. 다음과 같은 방법으로 자신만의 거절 기준을 세우면서 시도해보길 바란다.

첫째, 상대의 부탁이 들어왔을 때 당신의 능력을 생각해보라. 당신에게 그 부탁을 해결해줄 수 있는 능력이 있는지, 당신의 시간을 할애하는 것이 무리가 되지 않는지, 이로운 부탁인지를 파악하자. 이것은 이기적인 생각이 아니다. 오히려 자기 것을 다 퍼주고 제 것을 제대로 챙기지 못하는 결과를 초래할 뿐이다. 현명한 사람들은 남에게 주는 이익뿐만 아니라 자신의 이익까지 생각하고 판단해서 거절한다.

조금이라도 부담감이 느껴진다면 과감하게 거절하자. 무리한 일인데도 수락하고 해결하지 못할 경우를 생각해보길 바란다. 거절은 부정적인 의미가 아니라 거절하지 못해 생기는 관계의 부담감을 낮추고, 자기 영역을 확실히 지킬 수 있는 힘을 준다는 것을 기억하자.

둘째, 상대의 부탁을 거절할 때에는 빠르고 명확하게 해야 한다. 망설이고 주저하는 사이에 일을 떠맡게 될 수도 있다. 이 점에서 타이밍도 중요하다는 것을 인지해야 한다. 거절이라고 판단이 되면 정중하게 "죄송하지만 그 부탁은 제가 할 수 있는 일이 아닌 것 같아요."라고 전달하자.

빠르게 거절한다고 해서 관계가 어색해지지 않을까라고 생각할지도 모르지만 오히려 거절에 모호함이 있다면 상대방은 그 거절을 승낙이라고 해석할지도 모른다. 그렇기 때문에 거절할 때에는 모호함을 남기는 것이 아니라 빠르고 분명하게 그 부탁을 들어줄 수 없다고 전달해야 한다.

반면에 부탁을 거절해도 된다는 생각은 들지만, 거절할 때까지 시간이 여유가 있다면 시간차를 조금 두고 거절하자. 적어도 당신이 충분한 고민을 한 끝에 거절을 한 것으로 비춰질 수 있도록 말이다.

셋째, 거절 후 분위기를 전환시키거나 상대에게 소소한 친절을 베풀어보자. 거절 후에 상대방에게 호의를 보여주는 것이다. 당신이 한 거절은 상대의 부탁을 거절한 것이지, 상대방 자체를 거절한 것이 아님을 확인시켜주는 것이다. 거절을 당하는 상대방은 불쾌감을 가질 수 있기 때문에 분위기를 환기시켜 마무리를 잘하는 것도 필요하다.

"그 부탁을 들어주지 못하지만, 대신 다른 걸 해줄게.", "다음에는 꼭 도움을 드리겠습니다."라는 식으로 부탁은 들어주기는 어렵지만 소소한 것은 도와줄 수 있다는 말로, 상대가 느낄 서운함을 덜어주는 것이다. 이런 노력을 통해 상대방도 서운함이나 불쾌함이 없다면 거절은 성공적이다. 거절은 이기고 지고의 문제가 아니라 거절을 통해 행복해지려는 노력이다.

나는 나만의 거절 기준을 세운 후에는 거절에 대한 부담감을 낮추고 쉽게 접근할 수 있었다. 오랜만에 전 직장 동료에게서 연락이 왔다. 한동안 서로 연락을 하지 못했는데 그럼에도 어색하지 않게 서로의 안부를 나누었고 한 번 만나자는 약속을 정했다. 다음 날 나는 직장 동료를 만날 수 있었고 반갑게 맞이해준 동료가 고마웠다. 우리는 서로의 근황을 나누었고, 그녀는 우연한 기회로 보험 설계사로 일한다고 했다.

이야기 화제가 보험이야기로 흘러가더니 어느새 그녀는 내게 보험을 추천하고 있었다. 본격적으로 설명이 시작되었고 나에게 필요할 것이라고 생각해서 몇 가지 가져왔다고 했다. 그 순간 당황스러움을 감출 수가 없었다. 그제야 오랜만에 연락해 급하게 만나자고 한 이유가 보험 권유라는 것을 알아차렸다. 그녀는 설계사 면모를 보이며 내가 말할 틈도 없이 권유를 했다. 물론 나에게 필요한 보험일 수도 있겠지만 생각지도 못한 내용이라서 쉽게 동의할 수는 없었다.

나를 생각해서 보험 상품 추천하는 그녀가 고맙지만 나는 주저하지 않고 그녀에게 거절의사를 표현했다. "나를 생각해줘서 고맙지만 지금 내가 가입된 보험으로 충분한 것 같아. 당장은 필요하지 않지만 필요한 상품이 있으면 연락할게. 그리고 주변에 추천해줄 사람 있으면 말할게."라고 빠르고 명확하게 거절 의사를 전달했다. 그렇지 않으면 그녀 역시 계속해서 내게 설명하고 권유했을 것이다.

비록 그녀와의 만남은 아쉬움이 남았지만 나는 그녀를 위해 보험을 가입하지 않고 나를 위해 거절을 선택할 수 있었다. 그것만으로도 만족스러운 일이었다. 만약 거절하지 못하고 보험을 가입하고 돌아가는 길이었다면 내 자신이 죽도록 한심했을 것이고 나에게 보험을 권유한 그녀도 원망했을지도 모른다. 이처럼 적절한 거절은 나 자신뿐만 아니라 타인과의 관계도 지키는 일이다.

이 모든 일은 지금까지의 숱한 시행착오와 경험들이 있었기에

가능한 일이었다. 나만의 원칙과 가치관이 없었던 과거는 타인과 내가 전혀 구분이 전혀 되지 않는 삶이었다. 선택과 집중을 하지 못한 채 제대로 자를 것을 자르지 못한 일들이 대부분이었다. 나는 호의를 베풀려다 호구가 되고 말았다. 호의와 호구의 차이는 자신만의 기준을 가지고 있느냐 없느냐 차이다.

　자신의 분수를 알고 상대의 특징을 안다면 당신은 지혜로운 거절을 할 수 있다. 착하기만 하는 당신, 거절의 죄책감으로 마지못해 '예스'를 외치고 있지는 않은가. 거절은 이기적이어서 하는 것이 아니라 상대방과 당신이 서로 잘되기 위한 마음에서 거절한다고 생각하라. 당신은 호의를 베풀되 이용당하지는 말라. 자기만의 기준 없이 다 퍼주는 호구가 아닌 전략적 이타주의자가 되길 바란다.

자존감이 UP되는 거절 노하우

거절은 기본적으로 나와 타인을 분리시키는 과정이다.

거절은 근본적으로 자아 정체성과 관련되어 있다. 자아 정체성이 약한 사람들은 타인의 다양한 부탁과 설득에 취약하다. 거절하지 못하게 될 때에 우리는 "나는 왜 이 모양이지!"라고 회의감에 빠지고 자책하며 괴로워한다. 충분히 거절할 수 있는 상황에서 자신도 모르게 수락을 해 버린다면 자신의 시간과 정체성을 스스로 거부한 것과 다를 것이 없다. 이렇듯 자기 인생의 주인을 스스로 포기한다면 남들이 당신을 대접해주지 않는 일은 당연한 일이다.

자아는 스스로 만들고 지켜나가야 한다. 그 과정에서 다른 사람들에 의해 흔들리지 않도록 주도적으로 자신을 지켜내야 하는 것이다. 그 중심에는 거절이 있다.

거절은 내 시간과 노력을 아끼고 자신을 보호하고 지키려는 시도이다. 자신의 정체성을 확립하고 상대방에게 당신의 독립성과 중요성을 각인시키는 과정이다. 그래서 인생에서 거절은 꼭 해야만 한다.

우리는 몇 가지 거절의 기술과 원리를 익힌다면 앞으로 훨씬 더 쉽게 거절을 시도하고 성공적으로 거절할 수 있을 것이다.

문제 인식하기

거절하지 못하는 사람들은 당연히 거절하는 것이 그 무엇보다 어렵다. 더군다나 그들은 타인의 호의나 부탁을 수락하는 것에 익숙하다. 그러나 거절을 하겠다고 굳게 결심을 했다면 가장 먼저 자신의 문제를 인식해야 한다. 이것이 거절을 위한 첫걸음이 된다.

왜 유독 타인의 부탁을 거절하지 못하는지 그 이유를 찾아야 한다. 예를 들어 어린 시절 '싫다'는 거절의사를 밝혔다가 호되게 혼난 경험이 있거나 엄격한 부모 밑에서 자란 사람은 자신의 의견을 말하는 것에 어려움을 호소한다. 이러한 자신만의 문제들을 찾으면서 인지해보자.

거절노트 작성하기

과거에 자신이 거절하지 못했던 상황을 되짚어보면서 구체적으로 그때의 상황을 노트에 적어본다. 어떤 상황에서 누구의 부탁이었는지 상세하게 적으면서 반복되는 문제 패턴을 찾아보는 것이다. 자신이 누구에게, 어떤 부탁에서 거절이 취약한지 파악해보자. 거절하지 못했을 때의 감정도 써보고 똑같은 상황이 다시 주어질 때 어떻게 거절할지 생각해보며 시나리오를 구상해보길 바란다.

거절 관점 바꾸기

거절은 배신이 아니다

우리가 거절이 어려운 이유는 상대의 요구를 거절했을 때 배신하는 것 같은 느낌이 들기 때문이다. 자칫 잘못 거절하면 "우리 사이 어떻게 그럴 수 있어"라는 말을 들을 수 있다. 당직을 대신 서 달라는 직장 동료의 부탁을, 돈을 빌려 달라는 친구의 부탁을 거절했을 때 상대방은 배신감을 느끼고 당신 또한 상대방에서 상처를 주었다는 사실에 고통스러울 것이다. 그러한 이유들로 웬만하면 거절을 피하고 싶다.

그러나 세상에는 당신과 100% 맞는 사람은 없고, 누군가를 100% 만족시켜줄 수 있는 사람은 없다. 우리는 서로의 기대 수준을 낮춰야 한다. '일을 도와줄 수는 있지만 당직은 할 수 없고, 대출 방법을 알려줄 수는 있지만 돈을 빌려줄 수 없다든지' 평소에 사소하고 작은 것으로 일관성 있게 의사표현을 하면서 상대방이 갖는 기대하는 수준을 낮춰보자. 일관성 있는 당신만의 기준이 있다면 상대는 거절을 당했을 때 배신감을 느끼지 않을 것이다.

거절은 나와 타인을 분리시키는 과정이다

자신이 어떠한 이유에서 거절을 못했는지 파악했다면 이제부터 거절은 조금 더 쉬워질 것이다. '생각보다 상대는 상처를 덜 받는다.', '나중에 더 큰 상처를 주기 전에 지금의 거절로 상처가 된다면 차라리 지금 거절을 선택하는 것이 좋다.'라고 생각해보자.

거절은 기본적으로 나와 타인을 분리시키는 과정이다. 누군가의 부탁이나 요청이 들어오면 처음부터 거절을 기본적으로 인지하고 이야기를 들어보자. 이후에 거절에 대한 부담감을 줄일 수 있고 한결 거절하기 쉬울 것이다. 거절은 타인과 분리되면서 당신의 고유성을 지킬 수 있고 존중받을 수 있다는 것을 기억하길 바란다.

거절 후 죄책감, 죄의식을 갖지 마라

거절하고 나서 기분이 아무렇지도 않은 사람은 없다. 대부분 거절하거나 당하는 사람 양쪽 모두 기분이 썩 좋지만은 않다. 우리는 어려운 상황에 처한 사람은 도와주는 것이라고 학습되어 왔다. 이런 학습된 사고에서 거절했을 때에는 죄의식을 느낄 수밖에 없다.

권력이나 보복에 의해 거절할 수 없는 극단적인 상황이 아니라면, 당신이 거절할 수 있는 상황에서의 적절한 거절은 오히려 서로에게 득이 된다. 일시적인 불편한 마음을 죄의식으로 발전시키지 말고 거절했을 때 당신이 얻을 결과를 생각하자.

당장 마음이 편하다고 해서 '예스'를 하다간 해결하기 위해 많은 고통을 감당해야할 것이다. 반대로 잠깐 불편한 마음을 감수하고 '노'라고 한다면 장기적으로 스트레스가 줄어들 것이다. 거절 후 생기는 죄책감 죄의식을 갖지 말고 장기적으로 당신에게 유리한 생각을 하길 바란다.

거절에 대해 올바른 사고 갖기

하나, 당신의 거절로 상대로부터 소외감을 느끼거나 거부당한다면 그 사람은 당신에게 중요한 사람도 아니고 언젠가는 떠날 사람이다.

둘, 상대방이 어려운 상황이라고 무조건 요청을 수락하지 않아도 된다. 거절한다고 해서 당신이 나쁜 사람이 아니다.

셋, 거절이 처음에는 어렵지 한 번 거절하면 그 다음부터는 더 쉬워진다.

넷, 합리적인 거절로 건강한 대인관계를 형성할 수 있다.

다섯, 자신의 사고를 바꿈으로써 과거의 거절하지 못했던 모습을 극복하고 인생의 주인공이 되기 위해서는 거절은 필수라고 생각한다.

센스있게 대처하는 거절 노하우

요청을 받아들일 생각이 없는데 단호하게 거절하지 않는다면
상대는 온갖 방법과 기술을 동원해서 당신이 수락하게끔 만든다.

올바른 거절을 위한 노하우 4단계

사람들이 거절을 할 때는 보통 다음과 같은 4단계를 거친다.

1단계 거절 시작 단계, 상대의 부탁이나 요청이 들어왔을 때 유감을 표현하거나 받은 요청을 재차 확인한다.

2단계 거절하기 단계, 직접적으로 거절하거나 우회적으로 거절하면서 자신의 의사표현을 한다.

3단계 거절 뒷받침하기 단계, 거절하는 이유 설명하되 거절에 대한 근거나 자신만의 가치관 기준을 제시한다. 거절을 뒷받침하는 보충설명으로 상대에게 다른 대안제시, 다음을 기약하는 약속을 할 수 있다.

4단계 거절 마무리 단계, 거절 후 분위기 전환으로 화제를 돌리거나 유쾌한 농담으로 상황을 전환한다.

또한 상황에 따라, 상대와 당신의 관계에 따라 거절의 표현 방식은 많아지거나 의외로 간단한 단계로 끝날 수도 있다.

(상대의 요청)"수지야 내가 돈이 정말 급해서 그러는데 100만 원 정도 빌려줄 수 있을까?"

(직접적인 거절)"그 부탁은 안 돼. (근거나 자신의 기준 제시)알잖아, 내가 이러 저러한 일로 주변 사람들한테 돈 안 빌려주는 거."

(요청 확인)"이번 주 주말엔 강의를 해달라는 말씀이세요? (우회적으로 거절의사표현)죄송하지만 제가 주말에는 어려울 것 같습니다. (근거 제시)이미 다른 일정이 잡혀있어서요. (다음을 기약하는 약속)다음에 미리 말씀해주시면 일정 조율

하겠습니다."

우아하게 단호하게 거절하는 노하우

이 방법은 당신과 전혀 관계없는 사람들의 요구나 요청을 거절할 때 사용하는 방법이다. 예를 들어 길거리 설문조사, 카드발급, 보험설명을 위한 요청이다. 이러한 요청은 딱 잘라서 거절이 필요하다. 요청을 받아들일 생각이 없는데 단호하게 거절하지 않는다면 상대는 온갖 방법과 기술을 동원해서 당신이 수락하게끔 만든다. 따라서 한 번에 거절하는 것은 당신도 상대방에게도 좋은 방법이다.

능동적인 표현을 사용하라

"이래서 어렵다", "저래서 못한다"라는 표현은 애매모호하다. 나는 하고 싶은데 상대방에게는 이러저러한 이유들로 못하는 것이라는 말로 들릴 수가 있다. 그러면 상대는 당신에게 계속해서 이유를 캐물을 것이고 그러다 보면 거절은 멀어지게 된다. 이럴 때 상대방에게 분명하게 "관심 없습니다.", "사용하지 않습니다."라고 표현해야 한다. 상황 때문에 거절하는 것이 아니라 당신이 원하지 않는다는 것을 단호하게 말해야 한다.

거절하는 이유를 말하지 않는다

사람들은 거절 후 미안한 마음에 거절의 이유를 설명하려고 한다. 상황에 따라 거절의 설명도 필요하지만 괜한 설명은 안하느니만 보다 못한다. 자칫하면 그 이유가 상대에게 접근할 기회를 줄수 있기 때문이다. '시간 없다'는 이유는 상대방이 "그럼 시간이 되는 날이 언제냐?"는 기회를 주는 것과 다름없다.

상대의 질문에 말을 아낀다

길거리 요청이나 텔레마케팅은 말을 길게 할수록 상대에게 물건을 팔 수 있다. 그렇기 때문에 필사적으로 설명하고 관심을 유도한다. 딱 잘라서 "사용하지 않는다."라고 했는데도 오히려 상대는 자신의 말을 계속 이어간다. 그럴 때 상대의 말에 대답을 삼가고 "관심 없습니다."라고 반복해서 말을 한다.

무례하게 비난하거나 화내지 않는다

계속해서 설명을 하거나 대화를 시도하는 상대에게 화를 내거나 비난할 필요는 없다. 물론 당신의 감정이 소모가 되지만 그렇다고 해서 화를 내면 당신의 정신 건강만 해로울 것이다. 그리고 입장을 바꿔 누군가가 당신에게 비난하며 거절한다는 것을 생각해보자. 이것은 인간적으로 바르지 못하다. 충분히 명확하게 반복적으로 의사표현을 한다면 상대방도 거절 의사를 수용할 것이다.

부드럽게 거절하는 노하우

단호하게 거절하는 방법과 반대로 이 방법은 가까운 사이거나 대인관계를 위해 부드럽게 거절하는 방법이다. 거두절미하고 거절해서 굳이 상대의 감정을 상하게 한다거나 자신의 이미지를 떨어뜨릴 필요는 없다. 부드러운 언어를 사용하면서 거절의사를 설명하면 된다.

상대방의 감정을 이해하자

거절하는 사람의 감정도 어렵지만 반드시 상대의 감정도 이해할 부분이다. 거절로 인해 가질 수 있는 낙담, 실망, 수치심, 분노 등 부정적인 감정은 너무나도 많다. 이러한 감정 중 어떤 것을 상대가 경험하느냐에 따라 상황이 달라진다. 그렇기 때문에 상대방의 감정을 이해만 해도 상처를 주지 않고 세련되게 거절할 수 있다. '어쩔 수 없다'는 식으로 거절을 한다면 거절당하는 상대와 관계만 나빠질 뿐이다. 거절해야 할 일이라면 거절하되, 상대의 감정을 이해하고 인정하면서 거절한다면 상대방은 분노나 우울해하지 않을 것이다.

구체적으로 이유를 설명한다

'시간이 없어서', '여유가 없어서' 이런 애매모호하고 추상적인 이유는 여전히 피해야할 이유이다. 되도록 구체적으로 상세하게 설명한다. "지금 내가 하는 일이 아직 남아있어서 언제 끝날지 알 수가 없어."라고 구체적으로 뒷받침해야 한다.

남의 탓을 하지 않는다

부탁을 거절하는데 남의 탓으로 돌리면 오히려 관계에서 신뢰감이 떨어진다. 부탁은 당신에게 한 것이지 제 3자에게 요청을 한 것이 아니다.

"엄마가 11시까지 들어오래."라는 표현보다 "늦으면 걱정하셔서 난 걱정시켜드리고 싶지 않아."라는 구체적인 표현으로 상대방이 납득할 수 있도록 한다. 오히려 수동적으로 "엄마가 들어오래서 난 11시까지 가야해."라고 한다면 '마마걸, 마마보이'라는 이미지로 낙인찍힐 수 있다.

4장

거절은 상대에 대한 거부가 아니라
내 감정의 표현이다

혼자 상처받는 일, 이제 그만할 때도 됐다

자신의 감정을 정리하고 긍정적인 것으로 채우면
강한 마음을 조금씩 키워나갈 수 있다.

'왜 나는 상처받는 게 두려울까?'

'왜 나는 남의 눈치를 볼까?'

'왜 나는 거절을 못 할까?'

당신은 질문에 대한 답을 찾았는가? 1장부터 3장에서 타인의 말
에 예민하고 소심해서 거절하지 못하는 사람들은 가족, 부모의 영
향이나 외부 환경요인으로 다른 사람에게 집중하고 그들의 기준
에 맞추어 살아간다고 반복적으로 설명했다. 이번 4장에서는 타

인을 기준에서 벗어나 자신에게 집중하고, 가치관을 정립하며, 마인드 재정비를 해나갈 것이다. 거절은 나를 지키는 권리이자 타인에게 나의 입장을 전달하는 것이라는 것을 항상 기억하길 바란다. 지금부터 그 의미를 제대로 알고 내 감정을 표현하는 방법을 배워보자.

우리는 살면서 대인 관계에서 크고 작은 상처를 주거나 받기도 한다. 이때 자존감이 높은 사람은 '그럴 수도 있지'라고 생각하며 이해하고 넘어가거나, 잘못을 했을 경우 사과하고 실수를 반복하지 않으려고 한다. 반대로 자존감이 낮은 사람들은 작은 것에도 예민하게 받아들이고 삶의 중심을 자신에게 두지 못하고 자신을 부정하고 남의 눈치를 보며 상처를 받았다고만 생각한다. 어디 그뿐이랴. 타인의 평가에 연연하면서 인정받기 위해서 자신의 모든 시간과 노력을 투자한다.

그리고 자신이 원하는 반응이 나오지 않으면 서운해하는 것이 그들의 근본적인 문제이자 패턴이다. 자신의 노력을 아무도 인정해주지 않는다고 생각한다. 그러한 생각은 타인의 평가에서 자신의 존재감을 확인하기 때문이다. 짝사랑식 관계에서 오직 내 감정에만 충실하고 바라고 기대하는 심리와 보상받으려는 심리는 자신을 괴롭히는 감정노동일 뿐이다.

당신이 상대에게 시간을 들여 정성을 쏟았는데 돌아오는 것이 아무것도 없다면 얼마나 허무하겠는가. "내가 너를 위해 이만큼 했는데…."라며 상대를 옭아매거나 배신감에 사로잡힐 것이다. 가족, 연인, 친구, 지인 등 모든 관계에서 한 쪽의 일방적인 희생만으로는 지속적인 관계가 될 수 없다. 당신은 마음에 상처를 입고 자신의 영혼을 계속해서 갉아 먹을 것이다. 타인 중심에서 벗어나지 못하면 당신은 마음과 생각이 혼란스러워지고 결국 자신 또한 옭아매는 상황에 빠지고 만다. 그런 행동은 스스로 자신을 푸대접하는 것이나 다름없다.

그럼에도 나는 최선을 다했는데도 돌아오는 것이 상처라면 더이상 그 인연을 끝까지 끌고 갈 필요가 없다. 상대방은 당신의 배려와 친절을 이용한 사람들이다. 그런 상대가 잘못된 것이지 상대를 위한 배려, 즉 당신의 마음이 잘못된 것이 아니다.

이제는 타인을 위해 아름답게 헌신하려고 노력하지 말고 자신의 인생을 위해 더 잘 살아볼 방법을 찾아보길 바란다. 자신의 내면의 목소리를 외면하고 있지 않은지 살펴보자. 그러기 위해서는 외부의 영향을 차단하고 자신의 목소리를 들어봐야 할 것이다. 자신의 마음에 타인의 생각, 감정, 상처로 채우기보다는 당신의 생각, 감정에 대해 고민하는 시간이 필요하다. 아래와 같은 방법을 익혀 자신의 인생을 살펴보고 자신에게 조금 더 너그럽게 수용하는 마음가짐을 가져보자.

첫째, 자신을 있는 그대로 의식하도록 하자. 대부분 사람들의 관심은 자신이 아닌 외부에 있어서 타인보다 자신에 마주하고 대면하는 것을 어려워한다. 외부로부터 상처를 잘 받는 나, 예민한 나를 마주하고 상처 준 타인을 미워하는 자신까지 모두 인지하고 받아들여야 한다. 그동안 우리는 자신의 감정을 회피하고 부정하는 것에만 익숙했기에 객관적으로 바라보는 연습을 해야 한다. 그렇게 외부의 관심을 내게 두고 나를 알아가는 것이다.

그 다음으로 자신에 대해 장단점을 써보자. 장점을 먼저 쓰는 사람은 자존감이 높은 사람이다. 자신을 대해 알고 사랑할 줄 알기에 자신의 좋은 점을 먼저 쓰는 것이다. 그렇다고 단점을 먼저 쓴다고 해서 좌절할 필요없다. 우리는 자신을 파악하는 것이 목적이기에 얼마나 자신을 알고 있는지가 중요하다. 그 과정에서 자신이 잘하는 점을 발견하고 단점을 보완할 방법을 찾아나가는 것이다.

둘째, 규칙적으로 책을 읽고 사색하는 시간을 가져보자. 생각하는 시간을 가지면서 외부에 맞춰진 초점을 자신의 내면으로 끌어오는 것이다. 타인에게 집중된 것을 자신에게 관심을 돌리면서 고정관념으로 지배된 감정에서 벗어날 수 있다. 책을 읽음으로 배우는 지혜와 깨달음은 긍정적인 영향을 준다. 다 읽은 후에 사색을 하면서 자신의 생각을 되짚어보고 내면을 점검하는 것이다. 이렇게 자신의 감정을 정리하고 긍정적인 것으로 채우면 자신의 강한 마음을 조금씩 키워나갈 수 있다.

셋째, 매일 자신에게 긍정의 언어로 칭찬을 해주자. 자신에 대해서 인색한 사람들이 남에게는 관대하다. 상대방이 하는 말과 행동, 실력을 우러러 보지만 말고 자신이 한 일을 구체적으로 짚어주고 칭찬해보길 바란다. 뇌는 긍정이든 부정이든 상관없이 말하는 그대로 받아들이고 그 말에 영향을 받아 힘이 생겨난다. 곧 말하는 대로 변화하는 당신을 볼 수 있다. 긍정적으로 나를 칭찬할

수록 자신을 가치 있는 존재로 인식하게 된다.

이렇게 나에게 집중하게 되면 타인의 감정으로부터 벗어나고 독립된 존재라는 것을 인식하게 된다. 당신은 바보 같이 또 다시 타인의 감정에 휘둘려 그들을 위해 움직이는 삶을 살아가선 안 된다. 단단해진 내면은 나와 타인 사이를 명확하게 구분해야 나의 영역을 지킬 수 있다. 이것이 흔들림 없는 자신의 마음을 지키는 일이자 내면의 튼튼한 기둥이 되는 것이기도 하다. 나는 나, 너는 너라는 독립적인 존재의식이 생기면 거절이 어려웠던 사람도 자신이 생각 표현을 할 수 있을 것이다.

과거의 나도 누가 시키지 않아도 타인에게 공들였던 시기가 있었다. 순수하게 좋아서 내가 나서서 한 일이지만 이면에는 잘 보이고 싶은 마음도 있었다. 그러다 나의 노력을 몰라줄 때면 서운한 마음을 담아 두곤 했다. 관계에서 상대에게 집중하고 집착하다 보니 항상 나의 심리는 늘 긴장 상태였다. 마음이 지쳐갈 쯤에 그제야 내 모습을 볼 수 있었다. 타인을 알아가듯이 조금씩 나를 알아갔고, 그 과정에서 타인에게 의사 표현하는 법을 터득해갔다.

지금의 나는 누구보다 더 강해졌다. 진짜의 나, 가짜의 나 사이에서 진정한 나로 깨닫는 순간 인생의 그린라이트가 켜졌다. 무의미했던 일상들이 매 순간 즐겁게 느껴지고 감정표현의 폭이 넓어졌다. 시간이 흘러 나는 외부에 반응하지 않는 힘이 생겼고 상처받을 만한 일에도 둔감해졌다. 무엇보다 내 삶에 몰입하면서 긍정적으로 변화하고 있었다.

이처럼 삶에 있어 가장 중요한 것은 '자신의 감정'이다. 내가 행복해야 가족과 주변 사람들에게 좋은 기운을 전달하고 좋은 사람들과 함께 할 수 있다. 진정 '나'로 채워지고 '나다움'을 가지고 살아갈 때 비로소 행복한 삶을 살아갈 수 있을 것이다. 이제는 다른 누구도 아닌 자신을 살펴야 한다. 지금까지 당신은 타인을 위해서 한없이 친절하고 관대했다. 더는 혼자 잘해주고 상처받는 일이 없었으면 하는 바람이다. 당신도 충분히 사랑받을 수 있는 사람이다. 그러니 타인에게 집착하지 말고 초점을 자신에게 돌려 문제를 해결하려는 노력을 해야 할 때이다.

거절의 두려움을 이겨내는 스몰 원리

 거절은 생각보다 큰 상처가 되지 않고 크게 두려워 할 것도 없다.
자기가 할 수 있는 작은 거절부터 시작하자.

누구나 자신의 감정을 솔직하게 말하는 것에 두려움을 느낄 수 있다. 과거에 자신의 생각이나 주장을 했다가 혼이 났거나 제지당한 경험이 있다면 더욱 그러하다. 그럴수록 피하지만 말고 그 기억을 떠올려 "그때 그랬지."라고 말하며 스스로 인정을 해보자. 그리고 그 감정을 종이 위에 적으면서 감정과 분리해 객관적으로 바라보고 자신이 달라질 모습들을 상상하며 적어보자. 긍정은 긍정을 불러오고 부정은 부정을 불러온다는 말이 있다. 자신이 어떤 모습을 생각하느냐에 따라 충분히 긍정적인 결과를 얻을 수 있다.

이를테면 운동선수들이 큰 경기를 앞두고 있을 때 하는 이미지 트레이닝 훈련법을 보면 알 수 있다. 운동선수들은 자신의 종목 훈련과 함께 상상 훈련, 즉 멘탈 트레이닝도 함께 병행한다. 실전에서 발생할 수 있는 여러 가지 상황을 일상생활에서도 계속해서 이미지로 떠올리며 상상 훈련을 하는 것이다. 이때 상상하는 이미지는 뚜렷하고 할 수 있다는 긍정적인 생각을 반복하며 자신감을 불어넣는다.

이렇게 상상 훈련으로 대비 상황을 미리 적응시키고 실전에서 자신있게 극복하는 힘을 기를 수 있게 한다. 우리의 사고는 몸과 마음, 정신의 모든 것을 지배한다. 그렇기 때문에 당신이 의도하는 것에 따라 말과 행동도 따르게 된다.

거절을 두려워하는 사람도 있지만 그 두려움을 이겨내려고 노력하는 사람 또한 많다. 그 중에서 가장 대표적으로 거절의 두려움을 이겨낸 유명 일화가 있다.

베이징 출신 지아 지앙은 100일간 거절당하기 프로젝트를 진행한 블로거다. 그는 창업을 준비하는 중 투자자로부터 정확한 이유나 설명 없이 투자를 하지 않겠다는 거절을 당했다. 이것이 그가 이 프로젝트를 시작하게 된 계기가 되었다. 투자자의 매몰산 거절로 크게 실망한 그는 구글 검색 중에 제이슨 콤리의 '거절 테라피'를 알게 되었다. 거절에 대한 두려움이 컸던 지아 지앙은 매일 한 번씩, 100일 동안 거절을 당하는 목표를 세웠다.

처음 본 사람한테 100달러를 빌려달라거나 햄버거를 먹은 후 매장 직원에게 햄버거 리필을 요청하는 것이다. 물론 거절당했다. 거절에 성공한 그는 거절 프로젝트를 계속해서 이어갔다. 비행기에 탑승해서 승무원에게 기내 안내 방송을 자신이 대신 하겠다고 부탁하기도 했다. 그러자 안전에 관련해서는 안 되지만 환영 메시지는 가능하다고 승낙을 받았다. 그리고 스타벅스 매장을 찾아가서는 자신이 입구에서 손님을 맞이해도 되겠냐고 물어보기도 했다. 스타벅스 직원은 당황스러워했지만 인사하는 것이라면 괜찮다고 흔쾌히 수락해주기도 했다. 이렇게 지아 지앙은 100일 동안 거절 프로젝트를 진행하면서 거절당한 경우를 돌아봤을 때 생각보다 크게 상처받지 않았다는 것을 깨달았다고 한다.

이 일화는 거절은 생각보다 큰 상처가 되지 않고 크게 두려워할 것도 없다는 것을 의미한다. 당신도 지아 지앙처럼 할 수 있는 것부터 시작해보자. 상대에게 부탁할 때부터 '거절당해도 일단 해보는 거지.'라는 마음을 전제하고 행동하면 실제로 거절에 대한 두려움은 감소한다. 거절을 도전했다는 것에 의미를 두었기 때문에 긍정적인 관점으로 변화하는 것이다. 거절을 시도한 당신에게 자기칭찬을 하고 자신의 가치를 인정하게 된다.

상대의 부탁이나 요청을 처음에는 거절하려고만 생각하면 거절은 두려운 대상이 되어버린다. 하지만 부담 없이 자신이 할 수 있는 거절부터 조금씩 늘려간다면 거절의 비중은 높아질 것이다. 작은 것부터 시도할 수 있는 스몰 스텝의 원리를 적용해서 도전해보는 것이다. 스몰 원리는 상대방의 부탁을 거절할 때 감정이 상하지 않도록 최소화시킬 수 있다.

스몰 원리의 첫 번째 스텝은 상대방의 부탁이나 요청을 무턱대고 거절하는 것이 아니라 우선 경청하고 공감하는 것이다. 상대가 가족이든 타인이든 그들의 무분별한 제안을 모두 받아들이거나 수락하지 않아도 된다. 이때 당신은 거절의사를 전달하는 것에만 집중하지 말고 그들의 제안을 경청하면서 어려움에 도움을 요청하는 것에 공감을 해보자.

두 번째는 자신이 거절할 수밖에 없는 상황을 단도직입적으로 말하는 것이다. 먼저 결과적으로 자신의 거절 의사를 표명하고 그 뒤 부연 설명으로 솔직하게 자신의 상황을 말하자. 이때 장황하고 난해하게 돌려 말하지 않아야 한다. 앞에서 경청과 공감으로 상대의 상황을 충분히 이해했음을 전달했을 것이다. 당신이 도와줄 수 없다는 것을 솔직하게 말했을 때 상대방도 당신을 이해할 것이다.

마지막으로 비록 그들의 부탁을 거절했지만, 상대의 입장에서 최소한으로 당신이 도움을 줄 수 있는 대안을 제시해보자. 상대의 요청을 비록 거절했지만 당신의 대안 제시는 상대에게 도움을 주기 위해 노력했다는 성의를 표시해 주는 것이다.

우리는 스몰 원리 스텝을 이용해서 거절의 능력을 키우고 그에 따른 어느 정도의 고통을 감수할 각오가 있어야 한다. 고통스럽다고 거절을 피해 다닌다면 결국 거절의 두려움을 극복하지 못한다. 우리의 인생에는 거절을 당하는 일과 해야 하는 일들이 놓여 있다. 거절에 맞닥뜨렸을 때 두려워 말고 '거절은 삶의 기본이지.'라고 생각하자. 그것만이라도 절반은 성공한 것이다. 자신의 마음속

진실이 무엇인지 깨닫고 상대의 요구를 받아들일 수 없는 입장이
거나 무리하다고 생각될 때 삶의 기본인 거절을 시도해보자.

　당신이 한 인간으로서 존재하고 자기주장을 하는 것은 매우 자
연스러운 것이다. 스스로에게 솔직해지고 감정에 더 귀 기울 때
두려움은 사라지고 내면의 자유를 찾게 된다. 거절 뒤에 숨은 기
회를 발견하고 더 많은 가능성을 발견할 수 있다. '노'라고 말하는
것을 도전해야만 하는 당신. 거절이 주는 두려움을 극복한다면 거
절의 면역성을 갖게 된다.

내가 잘한다고 해서 남도 잘할 거라
생각하지 마라

 자신이 힘들었던 점이나 요청할 때 지켜야 할 매너 정도를
짧지만 명료하고 은근히 상대에게 전달하는 것이다.

세상 모든 사람의 사고방식이나 마음은 똑같지 않다. 애초에 기대심리는 상대에게 갖지 않는 것이 편할지도 모른다. 당신이 해준 것에 의미를 두고 바라는 마음을 내려놓으면 좋으련만 자신과 같지 않은 상대를 보고 있으니 감정이 오르락내리락 한다. 그럴수록 복잡하게 생각하지 말고 간단하게 생각해보자.

현 상황을 큰 그림이라고 보는 것이다. 전체를 숲으로 보면 당신의 감정은 나무 하나에 불과하다. 이러한 큰 관점으로 바라보고 '상대에게 바라면 뭐해 내 속만 타들어가지, 그냥 좋은 마음으로

도와주고 말자'라고 간단하게 생각하면 기대하거나 바라는 욕심을 접게 된다.

처해진 상황을 감정으로 풀려고 하지 말고 상황은 상황으로 끝내는 것이다. 자신의 한 일로 누군가에게 기쁨을 준 것이라고 생각하고 거기서 끝내라는 말이다. '내가 해줘서 도움이 되었네, 고마워하겠지'라는 꼬리를 무는 생각은 의미 없는 일이다. 상대에게 바라는 마음이 생기고 그것을 알아주길 바랄 때면 문제가 발생한다. 차라리 바라는 것이 있으면 당당하게 요구해서 상황을 빠르게 정리하는 것이 현명하다.

직장 선배 A 씨는 자신이 작성한 서류를 후배 B 씨에게 수정·보완해서 달라는 말과 함께 서류 뭉치를 던져주다시피 했다. B 씨는 도대체 어떤 것을 수정해달라는 건지 알 수 없다. 밑도 끝도 없이 서류를 수정하라고만 하니 난감한 상황이었다. 고민 끝에 무얼 말하느냐고 물어보니 대뜸 척하면 척인데 그것도 모르냐고 알아서 찾으라는 대답이 돌아왔다. A 씨는 아마추어같이 일일이 다 말을 해야 하느냐는 입장이다. 반대로 B 씨는 명확한 설명이 없는데 무슨 수로 자신이 그것을 알 수 있냐는 것이다.

대부분 이런 경우라면 당황스러울 뿐이다. 무엇을 부탁하는지 상세한 설명 없이 무조건 해달라는 식이다. 더군다나 직장 선배라니 더욱 난감할 따름이다. 그렇다고 해서 마냥 선배의 요청을 손 놓고 있을 수는 없다. 이미 요청 건에 대해 한 차례 물어봤음에도 파악이 되지 않아 또 물어봤다간 당신이 눈치 없는 사람으로 낙인 찍힐 것이다. 이럴 때 전전긍긍 하지 말고 현명하게 생각해보자.

다른 선배에게 도움을 요청해보는 것이다. 다른 선배에게 상황을 설명하고 A 선배가 말하는 것이 무엇인지 조언을 구해보자. 그 선배의 조언으로 문제를 해결할 수 있는 결정적인 팁을 얻을 수도 있다.

다른 선배에게 조언을 구했는데도 찜찜하다면 자신이 직접 선배가 수정하라는 부분이 어떤 것인지 체크를 해보자. 수정사항 A, B, C 세 가지로 분류하고 A 선배에게 다시 물어볼 때 수정사항을 고를 수 있도록 선택지를 작성해보는 것이다. 선배가 바빠서 부탁한 점을 고려해서 설명하는 시간을 줄여주는 센스를 발휘하는 것이다. 선배가 선택지를 보고 골라주는 부분 혹은 선택지를 보고 보완할 점을 추가 설명하는 것을 듣고 나면 본래의 수정할 사항을 파악할 수도 있다.

부탁할 것을 던져주기만 한 선배가 황당하고 짜증스러울 수 있지만 업무처리만큼은 빨리해서 넘겨야 할 것이다. 그러니 해결할 수 있는 방법을 생각한 후 부탁받은 일을 먼저 처리하자. 그러고 난 후 선배가 고맙거나 수고했다는 말을 건네올 때 "제가 도움이 되었다니 다행이예요. 그때 한창 많이 바쁘셨죠? 다음에는 수정사항을 설명해서 주시면 제가 신속하게 도움을 드릴게요."라는 말을 웃으면서 해보자. 자신이 힘들었던 점이나 요청할 때 지켜야 할 매너 정도를 짧지만 명료한 설명으로 은근히 상대에게 전달하는 것이다.

당신의 노력을 기울인 만큼 상대가 알 것이라는 생각은 대단히 큰 착각이다. 상대는 생각보다 당신에게 관심이 없다. 그저 당신이 해결해준 것만 알 뿐이다. 고맙다는 인사라도 해주면 다행이다.

그러한 당신의 말과 행동의 의미를 누구보다 잘 아는 사람은 오직 당신뿐이다. 타인이 나를 더 이해하고 만족시켜주길 원한다면, 그들과 친밀한 관계가 되길 바란다면 에둘러 말하지 말고 정확하게 포인트를 짚어서 말해야 한다. 나중에 알아주겠지, 혹은 말할 기회가 생기겠지라는 것은 없다. 그런 때는 오지 않는다. 지금이 바로 당신이 원하는 것을 표현할 최고의 타이밍이다.

'지금' 말한다고 생각하면 자신이 전달하고 싶은 말을 솔직하게 할 수 있다. 그러나 타이밍을 놓치고 다른 때가 올 때까지 기다린 다면 서로의 마음에는 반갑지 않은 감정만 생기고 오히려 지난 일을 꺼내어 속 좁은 사람으로 오해를 할 수 있다. 알아주겠지 하고 시간이 흘러 상황이 변하기만을 기다리면 관계는 회복할 수 없는 상황에 놓일 수도 있다.

그리고 자신의 태도를 분명하게 해야 한다. 대가 없이 해준 행동에 기대심리, 보상심리를 갖지 말아야 한다. 예를 들어 우리는 어린 아이에게 무조건적인 사랑을 주고선 아이들에게 준 사랑을 되돌려 받으려고 하지 않는다. 그들을 아낌없이 사랑할 대상이지, 기대할 대상이 아니라는 것이다. 당신은 이미 준 것으로 만족하면 된다. 기대가 없으면 당연히 상처도 없다.

상대에게 정성을 다하고 난 후에는 당신이 그 어떤 것을 개입하 거나 판단할 필요가 없다. 당신이 누군가를 위해 선의를 베풀거나 혹은 상대의 발전을 위해 나름대로의 노력과 지원을 아끼지 않았 을 때, 상대방이 당신의 선의나 노력에 맞는 반응이나 결과를 보 여주지 않는다 하더라도 실망하거나 분노하지 말자. 호의나 노력 이 자신의 과제라면, 그것을 받아들이느냐 받아들이지 않느냐는 상대방의 과제이다. 각자의 과제를 이성적으로 분리하면서 감정적인 태도를 분명히 하는 것이다.

당신이 해야 할 도리는 이미 다했다. 당신의 마음과 행동이 타인에게 전달되었으면 그걸로 끝이다. 당신이 어떠한 마음으로 상대방을 위해 그 행동을 했던 그 감정을 상대도 똑같이 느낄 거라 생각하면 안 된다. 애초에 '내가 잘한다고 해서 상대도 잘할 거라 생각하지 말자. 누군가를 위해 처음 가졌던 그 마음만을 가지고 상대를 위하자. 그 뒤로 변질된 마음은 당신도 상대도 원하는 것이 아니다.

부당한 대우는 내가 만든 것이다

당신에게 무례하게 행동하거나 피해를 주는데도 참는다면
그것은 당신이 그런 대우를 받아도 상관없다는 뜻과도 같다.

캐서린 리어돈은 《성공한 사람들의 정치력 101》이라는 책에서 '사람들이 자신을 어떻게 대우하느냐의 75퍼센트는 자신에게 책임이 있다.'라고 말한다. 우리는 타인으로부터 대우를 받고 싶어하는 마음을 가지고 있다. 자신이 대우해준 만큼 그들로부터 대우를 받길 원한다. 그러나 대우는 전적으로 자신이 어떻게 말하고 행동하느냐에 따라 달려있다.

대부분의 사람들은 말하지 않아도 알아서 해주길 바라지만 이는 있을 수 없는 일이다. 타인에게 대우를 받고 싶다면 당신이 먼저 대우를 받을 수 있는 행동을 취해보자. 자신은 어떠한 행동을 하지 않고 바라는 것은 이기적일 행동일 뿐이다. 처음부터 명확하게 표현하지 않고서는 뒤늦게 부당하다고 주장하는 것은 어리석은 행동이다. 그런 행동의 모든 책임은 자신에게 달려 있다. 결과적으로 부당한 대우는 자신 스스로 만든 것이다.

조직심리학 박사 그랜트 교수는 사람을 유형에 따라 분류했다. '기버(giver)'는 평소에 다른 사람들에게 받는 것 보다 더 많은 것을 주는 유형이고, 반대로 타인에게 주는 것 보다 더 많이 받아가는 유형은 '테이커(taker)'이다. 평상시 자신의 행동을 파악하면 당신이 어떤 성향인지 알 수 있다.

대부분 남에게 거절 못하는 소심한 사람들은 최선을 다해 남을 도와준다. 이런 사람들이 기버의 성향이 강하다. 기버들은 타인의 요청을 거절하면 나쁜 사람이라고 생각하고 도움을 주면 좋은 사람이라고 생각한다. 실은 거절하지 못하는 사람들은 이런 식으로 자기 합리화를 한다. 그렇다고 기버 성향자들에게 무조건 '노'라고 말하라는 뜻이 아니다. 조금 더 스마트하게 현명한 기버가 되라는 말이다. 상대가 당신에게 요청하기도 전에 무조건 도움을 주는 것인지, 아니면 타인의 요청을 거절하지 못해서 도움을 주는지에 따라 당신의 대우는 달라질 것이다. 헌신하는 기버가 아닌 전략적인 똑똑한 기버가 되어보자.

요즘 사회에서는 바쁜 일상 때문에 집에서 밥을 먹는 사람들이 줄어들고 혹은 집에서 거의 해먹지 않는 추세이다. 간편하게 조리된 음식을 사서 집에서 먹는 정도이다. 직장인 K 씨 역시 마찬가지로 집에서 잘 먹지 않는다. 한 집에 사는 식구들도 서로 생활패턴이 달라 대부분 식사는 알아서 간단하게 먹는다. 그러나 K 씨는 누가 시킨 일도 아니었는데 집안 냉장고에 들어가는 모든 식량을 사다 날랐다.

이런 경우 시간이 흐를수록 '먹는 사람들은 가족 모두인데 왜 나만 사다 놓는 건지 모르겠다.' '먹는 사람과 사는 사람이 따로 있다.' 등 푸념을 늘어뜨리는 순간 이야기가 달라진다. 또 가족들이 고마워하지 않고 아쉬운 사람이 사오는 것 아니냐는 식으로 말한다면 K 씨는 더 이상 장을 보지 않을 것이다. 말 한 마디에 자신의 수고가 헛수고로 돌아간다면 누구나 기분 좋을 리가 없다.

이렇게 가족사이든 친밀한 사이일수록 양보나 배려가 당연하다

고 생각할 때면 한 번쯤 관계에서 재정비가 필요하다. 일반적으로 한 사람만 지속적으로 주면 상대 입장에선 익숙함을 당연하게 느끼고 심지어 '자발적으로 해놓고선 왜 그래?'라는 말을 듣게 된다. 자칫하면 감정 싸움으로 이어질 수도 있다. 좋은 의도에서 베푼 마음을 당연하게 여기고 되레 적반하장으로 나오면 그야말로 당신을 얕보는 것이다. 바보 같은 사람이라고 당신을 비난하려는 것이 아니다. 무조건적인 기버도 조금 더 스마트한 기버가 될 수도 있다는 것이다.

앞의 K 씨처럼 일방적으로 혼자 먹을 것을 사다 나른다고 분노하기 전에, 가족에게 공평하게 생활비 일부를 정기적으로 갹출해보자. 일방적으로 자신의 돈만 쓰는 것이 아니기에 지출도 줄이고 마음 상할 일도 없다. 그리고 내가 할 수 있는 선에서 마트에서 장을 보는 정도는 가족을 위한 배려라고 생각하면 된다. 이렇게 되면 일원 역시 평소와는 다른 태도를 보일 것이다. 가족을 대신해서 마트에 다녀오는 수고도 고마워할 것이다.

이제 우리는 불편한 감정을 참지 말고 용기를 내어 자기중심으로 내가 편해질 방법을 선택해야 한다. 아래와 같은 방법을 통해 자기중심적으로 생각하고 행동할 때 당신은 원하는 대우를 받을 수 있다.

첫 번째는 상대와 당신의 감정을 분리하는 것이 우선이다. '나도 모른다'는 식으로 그 상황에서 모른 척해라. 그럼에도 상대가 계속 조르거나 쏘아붙인다면 "네, 그렇습니다.", "네." 정도의 표현을 의도적으로 반복하면서 의사를 표시하면 된다. 당신의 헌신과 희생이 이용당하는 상황에서 계속해서 노력할 필요가 없다. 이때 분리라는 것은 상황을 회피한다는 의미가 아니라 상황에서 당신과 분리하게 함으로써 수용적인 태도를 멀리한다는 의미다.

두 번째는 당신을 무시하는 말을 하거나 비방하는 말을 할 때 가만히 듣고 있지 말고 기분이 나쁘다는 감정 상태를 전달하자. 이때 상대방의 말에 유쾌하고 재치 있게 답해보자. 당신에게 고리타분한 편견이 가득한 말을 할 때, "대체 언제적 이야기를 하시나요? 지금 시대가 어느 시대인데, 그런 말은 삼가해주세요."라고 받아치는 것이다.

세 번째는 상대방이 한 말을 다시 물어보면서 상황을 객관화시키는 것이다. 예를 들어 상대가 웃으며 "너는 무슨 재미로 사니, 그게 무슨 재미라고…."라고 한다면 "네가 말한 기준은 모두가 다 재미있다고 생각하나봐?"라고 대답하는 것이다.

이런 식으로 상대방의 말을 되물으면 순간 상대방도 당황하고 어쩔 줄 몰라 하며 스스로 자신이 한 말을 다시 인식하고 되돌아볼 것이다.

당신에게 무례하게 행동하거나 피해를 주는데도 참는다면 그것은 당신이 그런 대우를 받아도 상관없다는 뜻이다. 만약 당신을 힘들게 하는 사람들과 자주 부딪힌다면 회피하지 말고 당신만의 대처법으로 부당함을 더는 참지 말아야 한다. 처음 한 번이 어렵지 계속해서 시도할수록 당신은 합당한 대우를 받을 수 있게 된다. 의사표현을 하는 것은 자기중심적인 것이 아니다. 타인에게 인정받고 대우를 받을 수 있는 것은 남들이 망설일 때 자신의 목소리를 내기 때문이다. 그러니 원하는 대우를 받는 일은 당연한 것이다.

동등한 입장에서 합당한 대우를 받고 싶다면 희생과 침묵을 피하고 자기 욕구를 표현하는 노력을 하자. 적어도 자신이 헌신하며 공들이고 대우받지 못하는 일을 스스로 차단시키자.

힘들게 하는 사람들과 이별하라

인생의 방향이 타인에서 자기중심으로 옮기는 과정에서
친구나 연인을 잃는 등 인간관계가 잠시 잠깐 문제가 생길 수도 있다.

내 친구 A 양은 말하는 것을 좋아한다. 그녀와의 이야기가 시작되면 쉼 없이 이어진다. 평소에 나는 말하기 보단 듣는 것을 좋아하는 편이라 친구들과의 대화에서 듣고 있는 편이다. 특히나 A 양은 남의 이야기를 하는 것을 좋아한다. 남의 이야기라고 하는 것은 험담이 아니라 제3자의 이야기를 하는 것이다. 그녀와 내가 아닌 다른 사람인 셈이다. 나는 종종 그 사람이 누군지도 모르는 상황에서 이야기를 듣고 있어야 할 때가 많았다.

한 번은 그녀가 직장 상사의 가족사 이야기를 시작했다. 그 친구는 직장 사람들과 있었던 이야기를 내게 하는 것이다. 그녀는 다른 사람 이야기를 시작한 것조차 모를 정도로 대화의 흐름을 잘 이어나간다. 그녀의 대화 자체가 나쁘다는 것을 의미하는 것이 아니다. 우리 둘의 만남에서 잘 알지도 못하는 이를 굳이 대화의 주제로 삼아야 하는가 의문이 든다. 그렇다고 자주 있는 일이 아니라서 말을 끊자니 내 입장에서 난감하고 듣고 있자니 영혼 없는 반응을 할 뿐이었다.

서로 바쁜 일상에서 시간을 내어 만났으니 다른 사람들의 이야기는 내 귀에 들어오지 않았다. 하지만 그녀는 끝없이 직장상사와 가족 이야기 등 도무지 이해가 되지 않는 이야기들을 늘어놓을 뿐이었다. 더군다나 그녀는 신이 나 있어서 하는 말을 끊을 수가 없었다. 나는 그저 앉아 대화가 빨리 끝나길 바랐고 주저리주저리 영양가 없는 A 양의 이야기를 듣고 나면 그 자체만으로도 에너지가 소모된 것을 느낄 수 있었다.

또 다른 친구인 B 양과의 대화 주제는 오로지 자신의 남자친구이다. 그날도 어김없이 B 양은 자신의 남자친구 이야기를 꺼내었다. 얼마 전 교통사고가 난 남자친구 이야기였다. 새벽 늦게 집으로 귀가하던 남자친구 차가 전복 당했다는 것이다. 사고 직후 병원 측으로부터 전화를 받는 그녀는 부리나케 병원으로 달려갔고 자초지종을 들어보니 남자친구가 살아있다는 것이 기적이라고 했다는 것이다. 거기서부터 그녀는 자신의 남자친구 이야기로 자랑을 시작했다.

"병원에서 간호사가 '남자친구분이 운동선수 출신이에요? 어쩌면 몸이 저렇게 좋아요?' 그러더라고!"

"아… 그래?"

"걔는 운동선수 출신도 아닌데 몸이 건장하고 키도 커서 멋져."

"평소에 운동 많이 하나봐."

"어딜가나 눈에 띄여서 피곤하지만 멋지긴 해!."

"……"

연신 남자친구 이야기만 하는 통에 무슨 답변을 어떻게 해야 할지 답답할 뿐이었다.

이 친구와의 대화는 늘 이렇게 이어지질 않는다. 이런 대화는 나와 그녀 사이에 빈번하게 일어나는 일이었다. 어느 날은 남자친구가 아닌 엄마 이야기를 했다. 인사치레로 그녀에게 "가방 샀네?"라고 말했다가 그녀의 이야기가 시작되었다.

"엄마랑 백화점 구경하러 갔다가 갖고 싶다고 엄마한테 애교로 말했더니 사줬어. 사실 나는 갖고 싶은 거 있으면 엄마한테 말하면 다 사줘."

모든 대화의 시작과 끝은 가족 아니면 남자친구 이야기였다. 나는 그녀와의 대화에서 집중이 되지 않아 '내가 듣기 싫어서 그런 건가, 내가 문제인가?'라는 생각을 수없이 했다.

아무리 오래된 친구들이지만 나는 B 양과 C 양 같은 친구들과 만나고 집에 돌아올 때면 마음이 공허해진다. 그런 만남으로 보내는 내 시간이 아까웠고 기운 빠지는 일이었다. 나는 시간을 내어 B 양에게 솔직하게 "나는 다른 사람들 이야기보다 네 이야기가 궁금해."라고 말을 한 적도 있다. 하지만 달라지지 않는 그녀를 보니 '내가 괜한 말을 했구나.'라는 생각에 씁쓸한 마음이 들었다.

오랜 지기와 함께 한 시간과 추억은 변함없이 소중하다. 하지만 우리의 성장은 그때의 시간과 추억 속에 머물러 있지 않다. 친구 사이가 알게 모르게 불편하다면 관계 정리를 해야 할 시점이다. 시간이 흐를수록 외면이 바뀌듯 우리의 내면도 성장하고 발전한다. 학창시절보다 가치관이 더욱 명확해지고 자신의 인생 목표 달성을 위해 노력한다. 그렇기 때문에 추억보단 현재의 조건에서 생산적인 만남을 원하는 것은 당연한 일이며 자신의 필요에 의한 가치를 추구하는 만남을 선택할 수도 있다. 그러니 자신을 힘들게 하는 사람과 억지로, 불편한 감정을 가지면서까지 관계 유지를 하지 않아도 된다.

이처럼 살아가면서 맺어지는 관계에서 쉬운 관계는 없다. 하물며 혈연관계인 가족도 힘들게 하는데 타인관계인 친구 사이, 연인 사이, 직장에서는 오죽하랴. 그런 관계일수록 관계를 위해 한번쯤 정리가 필요하다.

O 양은 자신이 다니던 회사를 그만 두면서 더 이상 정신적 스트레스와 심리적 압박감을 받지 않을 수 있었다. 그녀가 회사를 그만 다닐 수밖에 없었던 이유는 업무가 힘들어서가 아니다. 직장 동료의 이중적인 행동과 회사 대표의 부당한 대우와 공포, 불안감 조성으로 회사를 다닐 수가 없었다.

회사 대표는 자신이 기분이 나쁘면 일단 화를 내는 것은 기본이었고 폭언과 의심은 두려움에 떨게 했다. 그 두려움은 극도의 불안감을 조성했고 살기가 느껴질 만큼 무서웠다. 대표의 말에 무조건적으로 수긍하는 사람들과의 차별은 치졸하리만큼 황당하고 부당했다. 자신이 좋아하는 직원을 챙기지 않았다는 이유로 그 외 직원을 세상에서 가장 나쁜 사람으로 낙인 찍으며 죄책감을 느끼게 만들었다. 직장 동료 또한 자신이 하기 싫은 일은 O 양에게 미루기 일쑤였고, 마치 자신이 다 한 것처럼 과대 포장을 하며 대표에게 인정을 받으려고 했다.

그녀는 힘든 감정을 억누르면서 참고 견디었지만, 자신의 신념이 흔들리고서는 아무것도 할 수 없다는 것을 깨달았다. 자신의 생각과 감정을 그 누구에게도 지배당하지 않기로 했고 자신의 뜻을 존중했다. 결국 O 양은 자신을 너무나 힘들게 했던 곳을 과감하게 떠났다.

인생의 방향을 타인에서 자기중심으로 옮기는 과정에서 친구나 연인을 잃거나 직장에서 인간관계가 잠시 잠깐 문제가 생길 수도 있다. 그것은 자신을 위해 이겨내야 할 과정이다. 지금까지는 나보다 상대를 우선적으로 생각하며 관계를 유지했지만 이제는 당신을 힘들게 하는 그들과 이별할 시간이다. 이별은 마음 아프고 힘든 시간이지만, 자신의 삶에서 한 번은 꼭 겪어야 할 과정이다.

더 이상 그들을 신경 쓰며 힘들어 하지 말자. 그들을 놓음으로써 당신의 삶에 집중을 하고 깨닫게 될 것이다. 자신의 삶에 변화를 주기 위해서는 부정적이거나 익숙한 사람이 아니라 좋은 영향을 줄 수 있는 사람들로 채워야 한다. 조금은 이기적이게 보일지라도 '개인주의'적으로 행동할 필요가 있다. 내가 먼저 더 단단하고 행복해야 다른 사람들에게도 더 많은 것을 줄 수 있다는 것을 기억하자. 관계에서 자유로워지고 나를 위해 행복한 이기주의자 되어보길 바란다.

지금부터가 진짜 내 인생이다

미국의 심리학자이자 철학자인 윌리엄 제임스는 두 부류로 사람을 나눈다. 세상에 '한 번 태어나는 사람'과 '두 번 태어나는 사람'이다. 한 번 태어나는 사람은 자신이 지금까지 살아온 생활 영역에서 벗어나지 못한다. 자신의 행동과 사고패턴에 친숙하기 때문이다. 이러한 사람들은 자신에게 어떠한 상처가 있는지 알고 있음에도 그동안 그 상처로 인해 분노하거나 방어하는 것에만 익숙해져 있기 때문에 반복되는 상황이 와도 같은 방식으로 대처한다. 이들도 자신의 상처를 치유한 경험은 있지만 인생의 모습은 크게 달라지지 않은 것이다.

반면에 두 번 태어난 사람은 책으로, 좋은 만남, 자기계발, 공부 등 새로운 경험으로 치유의 방법을 얻는다. 그 토대로 자신의 삶에 대한 관점을 새롭게 정리하여 제2인생을 살아가는 사람들이다. 이러한 사람들은 똑같은 치유의 경험으로 전혀 다른 모습으로 살아간다. 이들은 자신이 어떤 삶을 살았던 어떤 상처로 인해 힘들었던 간에 그 경험을 통해 깨달음을 얻었기 때문이다. 자신의 옛 상처가 떠오르거나, 또 다시 상처를 받거나 하는 상황을 겪게 되더라도 두 번 다시 상처의 구렁텅이에 빠지지 않는다. 기꺼이 상처를 받아들이고 스스로에게 '나는 더 이상 상처받지 않는다'라고 말할 수 있는 사람들이다.

20대의 나는 "아니야 괜찮아."라는 말을 입에 달고 다녔다. 무조건적으로 타인의 말을 수용하고 양보하며 헌신으로 그들의 의견을 수용했다. 내 스스로 의사표현이 서툴다는 이유로 감정표현을 묵인했다. 그럴수록 나의 존재감은 세상에서 점점 멀어지는 듯했다. 다른 사람은 행복해 보이는데 내 삶에서 나는 전혀 행복함을 느낄 수가 없었다.

　이제는 외부 기준이 아닌 나의 기준대로 자유롭게 행복하게 살고 싶어졌다. 내가 하고 싶은 대로, 좋은 대로, 내 자유 의지대로 말이다. 나는 내면 공부를 통해서 내가 모든 사람에게 좋은 사람이고 싶은 착한 사람 콤플렉스가 있다는 것을 깨달았다. 나의 인생을 위해서는 좋은 사람이기를 포기해야 했다. 그러자 서서히 나의 인생이 달라지기 시작했다.

　잘 보이고 싶은 마음과 완벽한 모습을 내려두고 서툰 대로 있는 모습 그대로 사람들을 대하니 마음이 한결 편해졌다. 더 이상 관계에서 피곤함이 느껴지지 않을 수 있었다. '좋다', '싫다'를 명확하게 표현을 하니 상대방이 나를 쉽게 대하는 일도 줄어들었다. 나는 의사표현을 정확히 전달하고 남의 시선을 신경 쓰지 않을 때 자유로움을 느낄 수 있었다. 다시 말해 자신의 소신을 떳떳하게 말하고 의견을 피력했을 때 내 인생의 주인이 될 수 있었다.

나의 경험을 바탕으로 예전의 내가 겪은 어려움을 겪는 사람들에게 도움을 주고 싶다. 절대적으로 과도한 친절로 타인으로부터 점수를 따려고 노력하기보다는 본연의 나를 인정하는 것부터 시작하자. 친절에 너무 얽매여 상대방의 관심을 끌어야만 인정받을 수 있다는 생각을 내려두고 남을 만족시키기 위한 완벽함에서 벗어나자. 다른 사람들에게 인정받으려는 욕구는 지극히 자연스러운 것이지만 자신을 좋은 사람으로 포장해서 완벽한 모습을 보여주려고 애쓰지 않아도 된다. 이제부터는 '착한 사람'이 아닌 다른 차원의 인생관을 가져야 한다. 그렇다고 해서 갑자기 '이기주의' 모드로 돌변해서는 안 된다.

당신은 자신의 감정과 욕구를 소중하게 생각하고 자신의 영역을 지키고자 할 때 착한 사람 콤플렉스에서 벗어나고 있다는 것을 느끼게 될 것이다. 설령 이기적이게 보일지라도 자기표현을 해야만 한다. 객관적인 시선과 올바른 판단을 가질 때 자신과 타인과 사이에서 건강한 관계를 형성해나갈 수 있다. 당신이 느끼고 있는 막중한 책임감은 당신이 나아가지 못하도록 하는 장애물에 불과하다는 것을 깨달아야 한다.

　자신감이 없거나 또는 두려워서 말하지 못한 자신을 미워하지 않아도 된다. 그런 자신의 모습을 볼 줄 알고 이해한다는 것만으로 이미 충분히 변화할 수 있는 용기가 있는 것이다. 말 좀 못하면 어떠한가. 모두다 자신의 의견을 말하고 살아갈 수는 없다. 나 같은 사람이 있기 때문에 세상이 돌아가는 것이다.

　하지만 주체적인 내가 없는 껍데기뿐인 인생은 안 된다. 부모님 마음을 헤아리고 직장 상사 눈치를 보고, 대인 관계를 위해 자신의 의견을 최소화하지 말라는 것이다.

　진정으로 좋은 사람이 되기 위해 자신의 감정이나 생각을 타인에게 당당하고 솔직하게 털어놓는 연습이 필요하다. 다른 사람들에게 보이는 가짜 나에 치중하다 보면 당당하고 솔직한 진짜 나, 즉 자아는 실종될 수밖에 없다. 거절하지 못하고 착한 척 좋은 사람인 척 행동하는 사람은 온전한 자기 인생을 살아갈 수 없다. 자기 인생을 살아가기 위해서는 남한테 착한 사람이 되지 말고, 자신에게 선하고 강한 사람이 되어야 한다.

스스로 자신을 함부로 대하는 데 남이 당신을 존중해줄 이유가 있을까? 자신을 존중할 줄 아는 사람이 다른 사람까지 존중할 수 있다. 타인에게 착한 사람이 되고 싶다면 먼저 자신에게 착한 사람이 되어야 한다. 자신에게 착한 사람 역시 타인에게도 착할 수 있기 때문이다.

나는 현재 이러한 경험을 토대로 다양한 분야의 사람들을 만나며 소통하고 있다. 직업은 저마다 달라도 자신의 목표를 향해 달려가고 있었다. 그들도 내가 겪었던 고민을 가지고 있었다. 외부의 저항을 이겨내고 먼저 나아가고 있는 나에게 많은 조언을 구했고 나는 그들을 위해 내가 경험하고 변화할 수 있었던 나의 스토리를 들려주었다. 함께 공감하고 이해하고 조언을 주는 것만으로도 그들을 위로하고 희망을 줄 수 있었다.

이처럼 누군가에게 나의 경험과 생각을 전달하면서 나다운 삶에 하루하루 즐겁게 살아가고 있다. 나는 거절을 시작하면서 의사 표현을 분명하게 할 수 있었다. 횡설수설 하던 습관은 줄어들고 전달해야 할 말을 일목요연하게 정리해서 전달하고 막연한 두려움과 불안함 대신 할 수 있다는 자기 확신과 나의 실수에 웃어넘길 여유까지 생겨났다.

주뼛주뼛하던 자세는 적극적인 인생을 대하는 태도로 바뀌었다. 평소에 사람을 좋아했던 성격에 적극적인 자세로 사람들을 대하고 소통하다 보니 다양한 사람들이 성향을 파악하는 능력까지 생겨났다. 그동안 잠재되었던 나의 능력들이 하나씩 빛을 보기 시작한 것이다. 타인에게 쉽게 반응했던 예민함은 타인의 입장을 이해하는 섬세함으로 발휘했다.

그들의 성향에 따라 상대하면서 그들이 원하는 것을 파악하고 진심으로 감정을 교류하면서 소통할 수 있었다. 소심하고 예민하다고만 생각했던 나의 성격들이 다른 사람들과 새로운 관계를 쌓을 수 있는 비결이 되었다. 진심이 느껴지고 마음 다해 최선을 다하는 내 모습이 많은 사람들에게 신뢰감을 줄 수 있었다.

당신은 존재만으로도 충분히 사랑받을 만한 가치가 있는 사람이다. 그러니 상대방으로부터 인정받으려고 노력하지 말고 당신의 모습대로 솔직하게 자유롭게 살아가보자. 좋은 사람이 된다는 것은 더 이상 모두를 행복하게 만드는 일이 아니다. 좋은 사람으로 살아야 한다는 심리적 압박에서 벗어날 때 비로소 진정한 좋은 사람이 될 수 있다.

우리는 존재만으로도 누군가에게 힘이 될 수 있는 희망적인 존재이다. 당신도 충분히 강한 사람이 될 수 있는 잠재력을 가지고 있다. 누구보다 더 카리스마가가 있고 당당한 자신을 만들 수 있다. 나를 바꾸고 세상을 바꾸는 열쇠는 당신이 가지고 있다는 것을 꼭 기억하기 바란다.

그 열쇠를 가지고 문을 여는 순간 당신은 진짜의 자신을 만나고 진짜 인생을 살아갈 것이다. 세상에서 당신을 위한 인생을 시작해 보자. 평범했던 내가 그러했듯이 평범한 당신도 원하는 대로 변화하고 멋진 삶으로 살아갈 수 있을 것이다.

괜찮은 척하다가 후회하지 말고 센스있게 대처하는 자존감 UP 대화기술

거절 잘 하는 법

초판 1쇄 발행 2018년 10월 5일
초판 4쇄 발행 2023년 4월 15일

지은이 이하늘
펴낸이 민혜영 | **펴낸곳** (주)카시오페아 출판사
주소 서울시 마포구 월드컵북로 402, 906호(상암동 KGIT센터)
전화 02-303-5580 | **팩스** 02-2179-8768
홈페이지 www.cassiopeiabook.com | **전자우편** editor@cassiopeiabook.com
출판등록 2012년 12월 27일 제2014-000277호
외주편집 이선일 | **표지 디자인** 별을 잡는 그물

ISBN 979-11-88674-29-9 03190

이 도서의 국립중앙도서관 출판시도서목록(CIP)은 서지정보유통지원시스템 홈페이지(http://seoji.
nl.go.kr)와 국가자료공동목록시스템(http://www.nl.go.kr/kolisnet)에서 이용하실 수 있습니다.
CIP제어번호: CIP2018029512